道岔故障智能诊断

黄世泽　董德存　著

科学出版社

北　京

内 容 简 介

本书在介绍道岔和微机监测曲线的基础上，深入分析道岔故障模式及其在道岔动作曲线上的表征规律。针对道岔故障少样本的情况，提出道岔异常曲线的识别方法和基于相似度的道岔异常曲线识别方法；针对无道岔故障样本的情况，提出基于无监督学习的道岔曲线自动聚类方法和基于深度学习的道岔故障诊断方法。最后分别提出基于道岔曲线特征和曲线点的道岔动作曲线预测方法。

本书适用于轨道交通信号相关学科的工程技术人员、科研人员以及高校研究生。通过本书能全面了解道岔故障智能诊断的最新技术，指导道岔智能运维相关的研究工作。

图书在版编目（CIP）数据

道岔故障智能诊断 / 黄世泽，董德存著. —北京：科学出版社，2022.4

ISBN 978-7-03-071857-0

Ⅰ. ①道… Ⅱ. ①黄… ②董… Ⅲ. ①道岔-故障诊断 Ⅳ. ①U213.6

中国版本图书馆 CIP 数据核字（2022）第 041313 号

责任编辑：张海娜 李 策 / 责任校对：任苗苗

责任印制：吴兆东 / 封面设计：陈 敬

科学出版社 出版

北京东黄城根北街 16 号

邮政编码：100717

http://www.sciencep.com

固安县铭成印刷有限公司 印刷

科学出版社发行 各地新华书店经销

*

2022 年 4 月第 一 版 开本：720×1000 B5

2024 年 1 月第二次印刷 印张：9 1/4

字数：186 000

定价：80.00 元

（如有印装质量问题，我社负责调换）

序

过去数十年，我国在轨道交通基础设施保障和运维管理的研究与应用方面取得了举世瞩目的成就，这不仅为未来轨道交通重大领域相关科学的研究奠定了坚实的基础，还带动了轨道交通向更高水平的智能化、安全化、绿色化、体系化和国际化迈进。轨道交通运维智能化是全球行业发展的大趋势，也是行业同仁需要共同面对的现实挑战，更是行业产业以创新驱动未来高质量发展的历史机遇。

道岔是轨道交通系统的核心基础设备、最具安全苛求性的设施部件和列车运行安全保障的薄弱环节，因此以辨识道岔服役状态和快速恢复其健康状态为目的的道岔故障分析和诊断方法的研究与应用，对列车运行安全具有至关重要的意义。特别是随着列车运行速度的提升、环境和工况的复杂多变以及服役时间的增长，识别故障、保障安全的重要性更为凸显。由于故障的高随机不确定性和快速变化复杂性，更是迫切需要融合包括人工智能在内的新兴前沿科技以形成更高效、更精准和更经济的技术解决方案。

当前，我国铁路系统广泛采用的道岔综合监测系统，能够实现对道岔动作曲线的实时采集，为及时获取道岔状态和保障道岔安全服役起到了非常重要的作用。但随着铁路运营里程的增加，以及对铁路安全性的更高要求，既有的道岔综合监测系统中基于“机器获取数据、人工辨识状态”的机制已无法应对故障种类多、故障样本少、时间敏感性高、熟练人力资源匮乏等日益突出的挑战和行业难题，也使得机器学习(特别是深度学习)等具有数据丰度需求高、计算复杂度高和时间敏感度低等特点的“机器智能”机制，在道岔故障诊断中“失效”。

为了突破道岔故障诊断的各种难题，在国家重点研发计划“先进轨道交通”重点专项“城市轨道系统安全保障技术”(2016YFB1200402)的支持下，同济大学黄世泽、董德存两位作者及其团队围绕道岔故障智能诊断进行了深入研究，形成了一系列可技术化的理论创新成果。通过深入分析大量道岔动作电流曲线样本，揭示了故障在道岔动作电流曲线中的表征机理，从而从根本上克服了形成可信诊断方法的“样本悖论”，提出了少样本甚至无样本条件下的多种道岔故障感知方法，包括：针对少样本情况的基于相似度分析法的道岔故障诊断方法；针对未标定新故障情况的基于聚类算法的道岔故障诊断方法；针对新设备无样本情况的基于仿真数据的道岔故障诊断方法。这些方法的组合运用可以覆盖并适应道岔全生命周期可能出现的各种场景和故障诊断需求。基于故障诊断和动作历史曲线，研究形成了基于曲线特征和曲线点的道岔动作曲线预测方法，从而为道岔的主动安全保障和预测性维修技术奠定了理论基础。

黄世泽和董德存两位作者及其团队的研究成果是我国“十三五”期间轨道交通相关科技计划丰硕成果的重要组成部分，不仅对道岔故障诊断和预测有实质性效果，而且其理念和部分方法也可以推广到轨道交通其他装备的故障状态感知上。日益庞大的基础设施规模、日益严峻的安全保障挑战和日益繁复的运维管理责任，均迫切需要更多的学者聚焦在轨道交通装备和设施的基础技术研究和创新上，尤其是针对“安全苛求”设施设备的安全保障与运维管理的深入研究，唯如此，才能真正有效提升我国轨道交通运维管理的智能化水平，使我国轨道交通在可靠性、可用性、可维护性、安全性和运维成本等重要维度上成为国际标杆，以最高的质量和品质服务城市、服务人民。

“十三五”国家重点研发计划“先进轨道交通”重点专项总体专家组组长

前　言

道岔是铁路线路连接或交叉设备的总称，可以使机车车辆从一条线路转入或越过另一条线路，是铁路轨道的一个重要组成部分。道岔构造复杂，是线路的薄弱环节之一。转辙机是道岔控制系统的执行机构，用于道岔的转换与锁闭，以及道岔所处位置和状态的监督。转辙机是转辙装置的核心和主体，除转辙机外，转辙装置还包括外锁闭装置、各类杆件和安装装置，它们共同完成道岔的转换和锁闭。

随着铁路列车运行速度的提高和运行密度的加大，为了更好地实现对道岔的监控，铁路系统广泛使用道岔综合监测系统，该系统能够实现对道岔动作曲线的实时采集。道岔动作曲线真实地记录了道岔在解锁—转换—锁闭整个过程的动作，是反映道岔动态质量的重要指标。

在日常运行中，要求技术人员对日常监测数据进行调看，并对每组道岔动作电流曲线进行详细研究，通过对道岔动作电流曲线与参考曲线的对比分析，随时掌握道岔的电气特性、时间特性和机械特性，及时发现道岔转换过程中存在的不良状况，这对预防故障发生和消除不良隐患有着不可替代的作用。这种故障诊断方法识别准确性主要依赖于相关人员的工作经验，因此漏报和误报的现象时有发生。随着铁路建设规模的不断扩大，人工诊断的方式已经无法满足铁路发展的需求，因此需要研究相应的道岔故障智能诊断方法。

本书围绕道岔故障智能诊断，首先，系统介绍铁路系统及道岔的基本概念、道岔监测系统的基本原理以及道岔动作曲线的类型，并深入分析道岔的故障模式。然后，结合道岔动作曲线提出道岔异常曲线的识别方法，针对异常曲线创造性提出基于距离的道岔故障诊断方法；针对故障少样本/无样本的情况提出利用仿真数据并基于深度学习的道岔故障诊断方法；针对新故障出现的情况，提出道岔曲线的自动聚类方法。最后，利用道岔动作曲线，分别提出基于道岔曲线特征和曲线点的道岔曲线预测方法。

通过阅读本书，读者可以了解基本的道岔知识、道岔的故障模式曲线，以及道岔异常曲线的识别方法，深入地掌握道岔故障诊断技术并更好地进行故障预测。本书的相关研究得到了国家重点研发计划“先进轨道交通”重点专项“城市轨道系统安全保障技术”(2016YFB1200402)的支持，在此表示感谢。同济大学研究生张帆、杨晓璐、陈威、杨玲玉、翟亚婵、张肇鑫、秦晋哲、宋冠群、刘晓雯等为本书的资料搜集和整理提供了很大的帮助，并对部分章节的研究内容做出了实质性的贡献。在本书撰写过程中，参考了大量文献和资料，书后的参考文献仅列出了其中的一部分，在此向所有文献和资料的作者表示衷心的感谢。

道岔故障智能诊断是轨道交通智能运维的重要组成部分，轨道交通智能运维技术发展迅速，并且涉及人工智能等众多新技术。由于作者水平有限，书中难免存在疏漏之处，恳请广大读者批评指正。

作　者

2022 年 1 月

目　录

第1章　道 岔 概 述

道岔是指轨道在平面上的出岔、连接和交叉的设备，在我国铁路上习惯把这些设备统称为道岔。道岔是铁路轨道的一个重要组成部分，它是引导机车车辆由一条线路转向另一条线路的过渡设备。道岔构造复杂，是线路的薄弱环节之一。

1.1　铁路系统概况

1.1.1　铁路系统

铁路运输是指以固定轨道作为运输线路、由机械动力牵引车辆、实现旅客和货物位移的一种运输方式。世界上第一条使用机械动力牵引车辆的营业铁路，是1825 年 9 月 27 日通车的英国斯托克顿至达林顿铁路。这条铁路长度约为40km，轨距为 1435mm，使用的牵引动力是乔治·史蒂芬森设计制造的蒸汽机车，牵引 12 辆煤车并搭载 500 名左右乘客，最高速度达到 24km/h。这条铁路的诞生开创了世界铁路运输的新纪元。当时铁路作为一种新兴的陆上运输工具，是一种适宜于远距离、大运量、全天候及低成本的运输方式。因此，发展较早的资本主义国家，如英国、美国、法国、比利时、德国、加拿大等相继开始修筑铁路。自此，人类交通进入了“铁路时代”。随着世界贸易的发展和西方资本主义势力在全球的扩张，铁路也在全世界各个角落开始展延。

清朝末年，世界各国均在大力兴建铁路，清朝政府拒绝采用近代科学技术和先进运输工具，严重阻碍了社会生产力的发展。由于清朝政府反对修建铁路的错误政策，中国铁路建设的历史进程大大延缓。直到 1876 年，中国大地上才出现第一条营运铁路——吴淞铁路。1949 年后，中国的铁路运输经历了曲折的发展。改革开放后，信息技术加速发展，铁路发展也加快了步伐，我国开创了铁路运输的新局面。

铁路系统可以分为车务段、机务段、工务段、车辆段、供电段、电务段六个构成部分：

(1) 车务段是铁路行车系统的重要单位之一，负责列车运营。车务段管理车站货运等业务，管辖辖区内的各大小车站货运、客运的计划和收入，以及列车的运行监控，保证货运、客运的正常运营以及运营成本的正常回收。

(2) 机务段是铁路运输系统的主要行车部门，是主要负责铁路机车的运用、综合整备、整体检修的行车单位，一般设置在重要的铁路枢纽城市或重要的货运编组站附近。

(3) 工务段是铁路系统的基层单位，负责铁路线路及桥隧设备的保养与维修工作，以及铁路巡道、铁路道口的看守。

(4) 车辆段主要负责列车车辆的运营、整备、检修等工作。

(5) 供电段主要负责电气化铁路的牵引供电、铁路运输信号供电、铁路地区的供电、电力设备的检修与保养等工作。

(6) 电务段负责管理和维护列车在运行途中的地面信号与机车信号及道岔正常工作，职责是维护信号设备使信号正常显示，维护转辙机及道岔扳动正常，确保列车正常运行。

在铁路运输系统中，铁路信号肩负着指挥列车运行、调车作业以及向行车有关人员指示运行条件等任务，是对行车运行方向、运行间隔、运行进路以及运行速度进行控制的重要基础设施。道岔是铁路线路上的可动部分，它的位置与状态是否正确，直接关系列车是否走对路径，影响行车的安全。因此，道岔的转换和锁闭设备是铁路信号系统中的重要组成部分。

1.1.2 高速铁路

高速铁路是一个庞大复杂的现代化系统，它由工务工程、牵引供电、高速列车、通信与信号、运营调度和客运服务等多个子系统组成。高速铁路技术由各个子系统技术以及子系统之间的耦合技术共同构成，因此综合性强是高速铁路技术的一个显著特点。高速铁路的发展是一个通过技术不断创新、运行速度不断提高来满足社会经济发展需要的过程，主要特征表现为高速铁路建设标准等级不断提高、建设里程不断增加、参与建设的国家和地区不断增多。1964 年，日本东海道新干线的开通运营开启了日本经济起飞的航程。1981 年，法国 TGV 高速铁路后来居上，将高速铁路的发展推上了一个新台阶，同时带动了欧洲高速铁路的发展。此后，越来越多的国家和地区开始规划建设高速铁路。

中国高速铁路的发展虽然起步较晚，但是在短短十几年的时间里，中国已经成为世界上拥有高速铁路里程最长的国家。2018 年底，中国高铁运营里程超过 2.9 万 km，占全球高铁运营里程的 2/3 以上，超过其他国家总和。

中国修建的第一条高速铁路是京沪高速铁路。早在 20 世纪 90 年代初，铁道部提出《北京至上海旅客列车专用高速铁路研究的初步设想》。1994 年，集合国家科学技术委员会、国家计划委员会等多个部委，完成了《京沪高速铁路重大技术经济问题前期研究报告》。1996 年 4 月，《京沪高速铁路预可行性研究报告(送审稿)》完成之后，中国高速铁路研究长期陷入轮轨方式和磁悬浮方式的技术之争。直到 2003 年，才得出结论：轮轨方式更加适合京沪高速铁路。2006 年 2 月，国务院批准京沪高速铁路立项。下面介绍我国典型的高速铁路。

1. 京津城际高速铁路

2008 年 8 月 1 日开通运营的京津城际高速铁路引起了国内外广泛关注。京津城际高速铁路是世界上首条运营速度达到 350km/h 的高速铁路。在技术方面，京津城际高速铁路无论是线路、供电、信号还是车辆，都采用了当时世界上最新的技术。“和谐号”CRH3 型动车组在京津城际铁路运行实验中创出了 394.3km/h 的实验速度。实验过程中，高速列车各系统运行正常，列车平稳舒适。这意味着京津城际铁路线桥质量、动车组性能、各系统间的配合已达到世界一流高速铁路的标准。

2. 京沪高速铁路

京沪高速铁路全长 1318km，于 2011 年 6 月 30 日全线开通运营，是目前世界上一次性建成的最长的高速铁路。京沪高速铁路连接北方的环渤海经济区和南方的长江三角洲经济区，贯通中国东部最发达地区。京沪高速铁路设计最高速度为 380km/h，近期运营速度为 300km/h，远期运营速度为 350km/h。在技术方面，京沪高速铁路集中国高速铁路技术之大成，高速列车、列车运行控制、轨道、牵引供电等都代表着当时中国高速铁路技术的最高水准。2010 年 12 月 3 日，京沪高速铁路 CRH380AL 动车组在枣庄至蚌埠间的实验区段创造了 486.1km/h 的中国轮轨列车运营实验速度新纪录。

3. 京广高速铁路

京广高速铁路于 2012 年 12 月 26 日全线开通运营，是目前世界上运营里程最长的一条高速铁路，全长 2298km，设计速度为 350km/h，初期最高运营速度为 300km/h。从北京至广州最快的列车只需要 7h 59min，途经河北、河南、湖北、湖南、广东五省。

4. 哈大高速铁路

2012 年 12 月 1 日，哈大高速铁路开通运营，线路全长 921km。哈大高速铁路设计速度为 350km/h，初期最高运营速度为 300km/h，将东北三省主要城市连为一线，主要技术特点在于防寒技术。例如，为哈大线量身定做的 CRH380BG 型电力动车组可以在–40℃条件下正常运行；为防路基冻胀，在路基冻结深度范围内填筑了非冻胀性材料；采用防开裂的双向预应力 CRTS-Ⅰ型板式无砟轨道结构；道岔设置融雪装置，接触网设置融冰装置。

通信与信号系统作为整个铁路的“大脑与神经”，时刻保证着列车系统的安全和高效运行。随着通用的通信、控制和计算机技术的发展，这些先进的技术也相继应用在通信和信号领域。对于铁路通信系统，从 19 世纪末开始，电报刚一出现就在铁路运营中得到成功应用，紧接着电话、数字有线通信、模拟无线通信、数字无线通信技术不断地融入铁路运营，这都大大提高了铁路运营的效率。近年来，全球定位系统(global positioning system，GPS)卫星定位技术在青藏铁路成功应用，5G 技术首次在我国高速铁路中(京张高速铁路)应用，这些新技术为铁路运营服务品质的进一步提升提供了保障。铁路信号系统从铁路的诞生之日起就应运而生。从最原始的站间闭塞，到以轨道电路、计轴设备等为基础的基于轨道电路的列车控制系统(train control system based on track circuit，TBTC)，再到基于通信的列车控制系统(communication based train control，CBTC)，铁路运行安全和效率不断地提升。随着先进技术的不断发展，高速铁路列车运行控制系统将更加集成化、智能化，并将更加安全可靠。

1.1.3　城市轨道交通

城市轨道交通系统(urban rail transit system)，简称城轨系统(urban rail system)，指在城市中具有固定线路、铺设固定轨道、配备运输车辆及服务设施、以电力驱动的公共交通运输系统。城市轨道交通是现代城市公共交通的主要形式，具有安全、快捷、准时等优点，可满足日益增长的城市居民出行需求，是一种节约资源、保护环境的城市公交系统。

地铁的产生源于将列车引入城市中心的构想。1856 年修建的伦敦地铁是世界上第一条地铁，1863 年正式投入运营，线路位于地下隧道内，用蒸汽机车牵引列车。从此，铁路技术开始用来解决人们在城市内的出行问题。1965 年我国开始修建内地第一条城市轨道交通系统——北京地铁一期工程，1969 年建成通车。20 世纪 70 年代，天津修建了 7.4km 的地铁。从 80 年代末至 90 年代中期，以上海地铁 1 号线(21km)、北京地铁复八线(13.6km，现已并入北京地铁 1 号线)、北京地铁 1 号线改造、广州地铁 1 号线(18.5km)建设为标志，我国真正以交通为目的的地铁项目开始建设。

城市和区域轨道交通的系统制式可按运能、线路敷设方式、路权等多个方面进行划分，从目前国内外轨道交通的发展现状及趋势来看，城市和区域轨道交通的发展模式主要有地铁、轻轨、单轨系统、区域快速铁路、有轨电车以及新交通系统等几种。中国城市轨道交通发展迅猛，已经建成或正在兴建的城市轨道交通几乎包括了上述所有类型，截至 2022 年 2 月，已有 76 多个城市建成或正在兴建。中国城市轨道交通建设的特点是，不仅需要建设的城市多、建设势头猛，而且建设的类型多元化。中国正在形成以地铁为骨干、多种类型并存的城市轨道交通体系。上海、天津、大连等城市建成了快速轻轨交通系统；长春、大连进行了有轨电车改造，鞍山也准备对现有的有轨电车进行改造，上海、苏州等地已经建成有轨电车线路；重庆建成了我国第一条跨座式的单轨交通系统；上海浦东龙阳路至浦东国际机场开通了磁悬浮高速线；广州和北京已建成或正在建设直线电机驱动的城轨车辆交通线路；北京首都机场内正在建设全自动化的新交通系统等。截至 2021 年 12 月 31 日，31 个省(区、市)和新疆生产建设兵团共有 51 个城市开通运营城市轨道交通线路 269 条，运营里程 8708 公里，车站 5216 座。2021 年，新增城市轨道交通线路 35 条，新增运营里程 1168 公里；洛阳、绍兴、嘉兴、文山、芜湖以及嘉兴(海宁)、镇江(句容)7 个城市首次开通运营城市轨道交通。

城市轨道交通系统由轨道路线、车站、车辆、维护检修基地、供变电设备、通信信号设备、指挥控制中心等组成。采用以电子计算机处理技术为核心的各种自动化设备，代替人工的、机械的、电气的行车组织以及设备运行和安全保证系统。列车自动控制(automatic train control，ATC)系统可以实现列车自动驾驶、自动跟踪、自动调度；数据采集与监视控制(supervisory control and data acquisition，SCADA)系统可以实现主变电所、牵引变电所、降压变电所设备系统的遥控、遥信、遥测和遥调；楼宇自动化系统(building automation system，BAS)和火灾报警系统(fire alarm system，FAS)可以实现车站环境控制的自动化和消防、报警系统的自动化；自动售检票(automatic fare collection，AFC)系统可以实现自动售票、检票、分类等功能。所有系统全线各自形成网络，均在运行控制中心(operations control center，OCC)设中心计算机，实现统一指挥，分级控制。

城市轨道交通信号系统是实现行车指挥、列车运行、监控和管理所需技术措施及配套装备的集合体。信号系统作为行车指挥和列车运行的控制设备，在保证行车安全、提高通过能力、节能及改善运输人员的劳动条件等方面起着至关重要的作用。现代化的城市轨道交通要求城市轨道交通信号设备现代化。

1.2 道　岔

1.2.1 道岔的基本概念及重要性

道岔是一种使机车车辆从一股道转入另一股道的线路连接设备，也是轨道的薄弱环节之一，通常在车站、编组站大量铺设。有了道岔，可以充分发挥线路的通过能力。即使是单线铁路铺设道岔，只要修筑一段大于列车长度的叉线就可以对开列车。道岔具有数量多、构造复杂、使用寿命短、限制列车速度、行车安全性低、养护维修投入大等特点，与曲线、接头并称为轨道的三大薄弱环节。道岔示意图如图 1.1 所示。

图 1.1 道岔示意图

道岔的操纵方式分为手动和电动两种。手动方式是工作人员通过握柄在现场直接操纵道岔的转换和锁闭设备，这种方式效率低、劳动强度大，不能适应铁路现代化的要求，手动方式正随着非集中联锁的改造而逐渐减少；电动方式是由各类动力转辙机转换和锁闭道岔，易于集中操纵，实现自动化。道岔是铁路上重要的信号设备，对保证行车安全、提高运输效率、降低行车人员的劳动强度起着非常重要的作用。

道岔主要由转辙部分、连接部分、辙叉部分组成，如图 1.2 所示。转辙部分

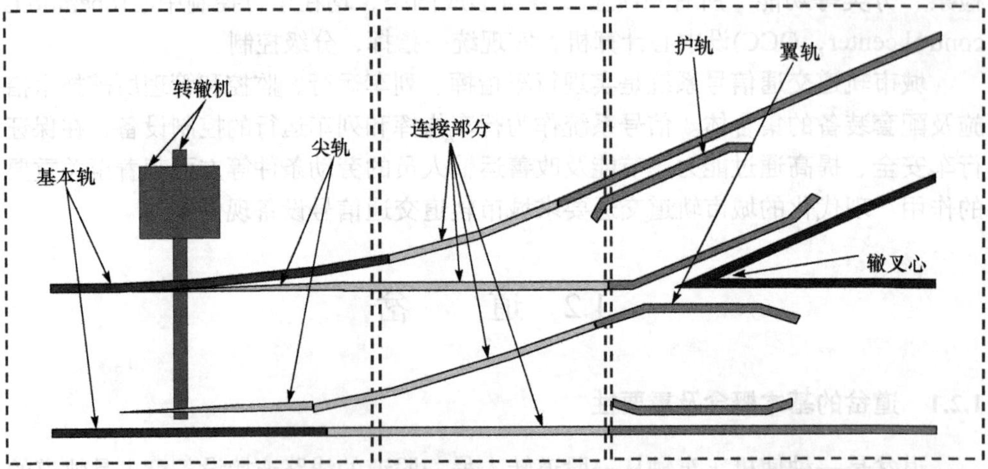

图 1.2 道岔组成

包括基本轨、尖轨和转辙机，连接部分包括两根尖轨和两根基本轨，辙叉部分包括护轨、翼轨和辙叉心。转辙机是转辙部分的核心和主体，完成道岔的转换和锁闭，保证行车安全。

通常，道岔常用的位置为定位，不常用的位置为反位。如图 1.3 所示，若将道岔此时的位置定义为定位，转辙机中的电动机启动后，带动尖轨运动，将道岔推向反位，如图 1.4 所示，这就是铁路道岔的动作过程，即两根基本轨和两根尖轨之间密贴与斥离的过程。

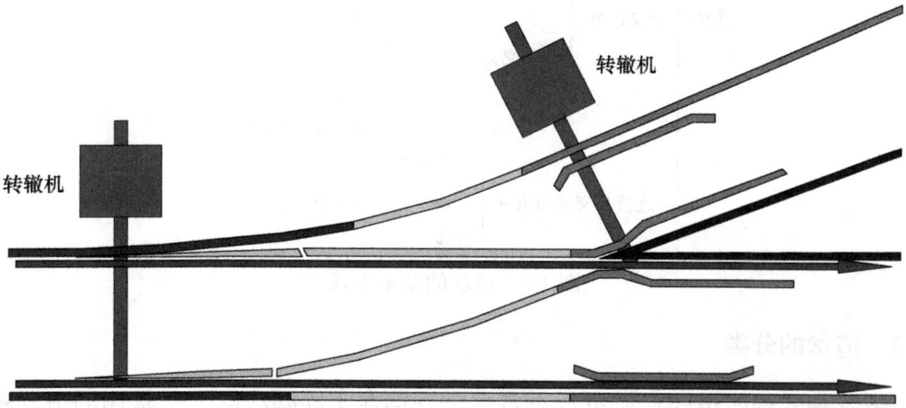

图 1.3 道岔定位

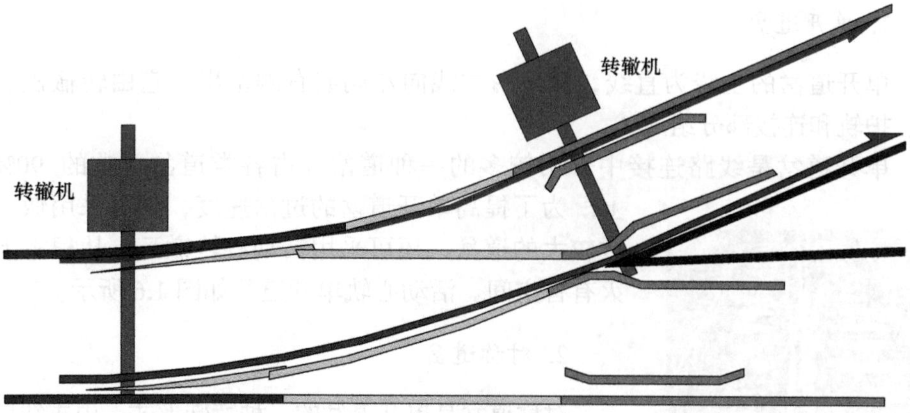

图 1.4 道岔反位

道岔的基本形式是轨道的连接、轨道的交叉以及轨道连接与交叉的组合，如图 1.5 所示。

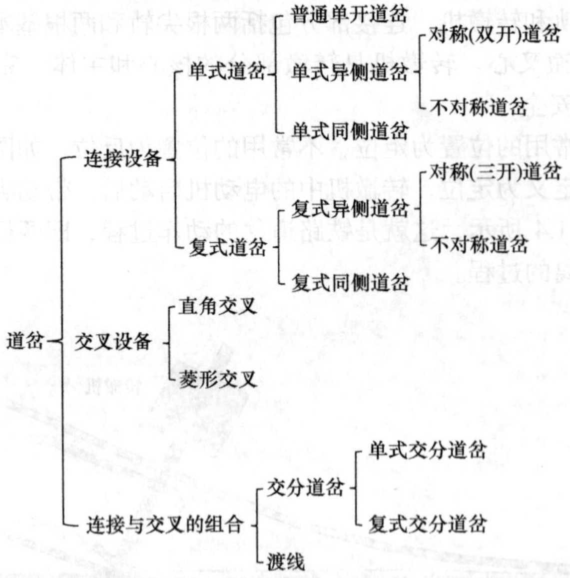

图 1.5　道岔的基本形式

1.2.2　道岔的分类

道岔是实现股道转换的重要设备，广泛存在于铁路线路上。常用的道岔种类有单开道岔、对称道岔、三开道岔、交分道岔等。

1. 单开道岔

单开道岔的主线为直线，侧线由主线向左侧或右侧岔出。它由转辙机、辙叉、护轨和连接部分组成。

单开道岔是线路连接中采用较多的一种道岔，占各类道岔总数的 90%以上。为了提高单开道岔的过岔速度，除可采用辙叉号数较大的道岔，还可采用活动心轨辙叉，从根本上消灭有害空间。活动心轨单开道岔如图 1.6 所示。

图 1.6　活动心轨单开道岔

2. 对称道岔

对称道岔是单开道岔的一种特殊形式，由主线向两侧分为两条线路，道岔各部件均按辙叉角平分线对称排列，两条连接线路的曲线半径相同，无直向或侧向之分，因此两侧线运行条件相同。这种道岔具有增大导曲线半径和缩短站场长度的优点。因此，对称道岔一般可在调车场头部或尾部铺设，也可在到达场、机务段和货场等线路上铺设，必要时可将对称道岔与单开道岔混合使用，如图 1.7 所示。

图 1.7 对称道岔

对称道岔具有以下特点：

(1) 道岔的两曲股对称于直股中心线(辙叉角的平分线)。

(2) 当对称道岔的尖轨长度、辙叉号数与单开道岔相同时，其尖轨工作边与直股钢轨工作边所夹的辙叉角为单开道岔辙叉角的一半，辙叉的工作边与直股中心线之间的夹角为单开道岔辙叉角的一半。因此，它的导曲线半径比单开道岔约大一倍。

(3) 当对称道岔的导曲线半径与单开道岔相同时，对称道岔的长度比单开道岔短。

(4) 在保持相同的过岔速度条件下，对称道岔可以比单开道岔采用更小辙叉号数的道岔。

与同号数的单开道岔相比，对称道岔具有增大导曲线半径和缩短道岔长度的特点，因此它适用于地形狭窄、驼峰头部、三角线等。此外，大辙叉号数对称道岔可以用于高速列车运行的线路上。

3. 三开道岔

三开道岔是当需要连接的线路较多、地形受到限制、不能在主线上连续铺设两个单开道岔时铺设的一种道岔。三开道岔是将一个道岔纳入另一个道岔构成的，如图 1.8 所示。这种道岔的优点是长度较短，缺点是尖轨削弱较多、转辙机使用寿命短，同时两普通辙叉在主线内侧无法设置护轨，机车车辆沿主线不能高速运行。因此，这种道岔只有在地形允许以及需要尽量缩短线路连接长度的地方(如调车场的头部或尽头式车站内)、连接机车走行线与相邻两到发线的连接处采用。

图 1.8　三开道岔

4. 交分道岔

交分道岔是将一个单开道岔纳入另一个道岔构成的，如图 1.9 所示，其主要由两组锐角辙叉及护轨、两组双转辙机、两组钝角辙叉及岔枕等组成。双转辙机分为两组，每组由两根直尖轨、两根曲尖轨、四根基本轨组成。直尖轨和曲尖轨用连接杆连接在一起，组成一套转辙结构。

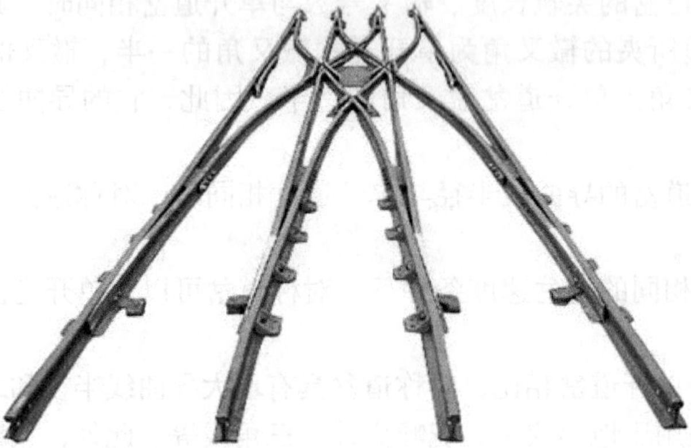

图 1.9　交分道岔

交分道岔起到了两个道岔的作用，且占地较短，特别是连接几条平行线路时，比单开道岔连接的长度缩短得更为显著，而且列车通过时弯曲较少，走行平稳，速度可较高，瞭望条件也较好。但交分道岔构造复杂、零件数量较多、维修较困难，一般仅在大编组站、旅客站或其他用地长度受限制的咽喉区采用。在正线上，通过列车速度较高，使用交分道岔安全性较差，并且不好养护，故应尽量不用。

1.3 转辙机

转辙机是重要的信号基础设备，它对保证行车安全、提高运输效率、减轻行车人员的劳动强度起着非常重要的作用。

1.3.1 转辙机的基本概念及作用

转辙机是转辙装置的核心和主体，除转辙机外，转辙装置还包括外锁闭装置(内锁式方式没有)、各类杆件和安装装置，它们共同完成道岔的转换和锁闭。

对转辙机的基本要求如下：

(1) 作为转换装置，应具有足够大的拉力，以带动尖轨做直线往返运动，当尖轨受阻不能运动到底时，应随时通过操纵使尖轨恢复原位；

(2) 作为锁闭装置，当尖轨和基本轨不密贴时，不应进行锁闭，一旦锁闭，应保证不会导致因车通过道岔时的振动而错误解锁的问题；

(3) 作为监督装置，应能正确地反映道岔的状态；

(4) 道岔被挤后，在修复前不应再使道岔转换。

转辙机的作用具体如下：

(1) 转换道岔的位置，根据需要转换至定位或反位；

(2) 道岔转换至所需位置且密贴后，实现锁闭，防止外力转换道岔；

(3) 正确地反映道岔的实际位置，道岔的尖轨密贴于基本轨后，给出相应的表示；

(4) 道岔被挤或因故处于“四开”(两侧尖轨均不密贴)位置时，及时给出报警及表示。

1.3.2 转辙机的分类

1. 按动作能源和传动方式分类

按动作能源和传动方式，转辙机可分为电动转辙机、电动液压转辙机和电空转辙机。

电动转辙机由电动机提供动力，采用机械传动的方式。多数转辙机都是电动转辙机，包括我国铁路大量使用的 ZD6 系列电动转辙机和 S700K 型电动转辙机。

电动液压转辙机简称电液转辙机，由电动机提供动力，采用液力传动的方式。ZY(J)系列转辙机即电液转辙机。

电空转辙机以压缩空气作为动力，由电磁换向阀控制。ZK 系列转辙机即电空转辙机。

2. 按供电电源种类分类

按供电电源种类，转辙机可分为直流转辙机和交流转辙机。

直流转辙机采用直流电动机，工作电源是直流电。ZD6 系列电动转辙机和 ZY 系列电液转辙机均是直流转辙机，由直流 220V 供电，电空转辙机则由直流 24V 供电。直流电动机的缺点是：由于存在换向器和电刷，易损坏，故障率较高。

交流转辙机采用三相交流电源或单相交流电源，由三相异步电动机或单相异步电动机(现大多采用三相异步电动机)作为动力。目前推广的提速道岔用的 S700K 型电动转辙机和 ZYJ7 型电液转辙机均为交流转辙机。交流转辙机采用感应式交流电动机，不存在换向器和电刷，因此故障率低，而且单芯电缆控制距离远。

3. 按动作速度分类

按动作速度，转辙机可分为普通动作转辙机和快动转辙机。

大多数转辙机转换道岔时间在 3.8s 以上，属于普通动作转辙机。ZD7 系列电动转辙机和 ZK 系列电空转辙机转换道岔时间在 0.8s 以下，属于快动转辙机。快动转辙机主要用于驼峰调车场，以满足分路道岔快速转换的要求。

4. 按锁闭道岔的方式分类

按锁闭道岔的方式，转辙机可分为内锁闭转辙机和外锁闭转辙机。

内锁闭转辙机依靠转辙机内部的锁闭装置锁闭尖轨，是间接锁闭的方式。ZD6 系列电动转辙机等大多数转辙机均采用内锁闭方式。内锁闭方式的缺点是：锁闭可靠程度较差，列车对转辙机的冲击大。

外锁闭转辙机虽然内部也有锁闭装置，但主要依靠转辙机的外锁闭装置锁闭道岔，将密贴尖轨直接锁于基本轨，斥离尖轨锁于固定位置，这均是直接锁闭方式。用于提速道岔的 S700K 型电动转辙机和 ZYJ7 型电液转辙机均采用外锁闭方式。外锁闭方式的优点是：锁闭可靠，列车对转辙机几乎无冲击。

5. 按是否可挤分类

按是否可挤，转辙机可分为可挤型转辙机和不可挤型转辙机。

可挤型转辙机内设挤岔保护(挤切或挤脱)装置，道岔被挤时，动作杆解锁，保护整机；不可挤型转辙机内不设挤岔保护装置，道岔被挤时，会损坏动作杆与整机连接结构，解决方法为更换整机。电动转辙机和电液转辙机都有可挤型和不可挤型之分。

此外，转辙机还可按不同转换力和动程进行分类。

1.3.3　直流转辙机的基本原理

直流转辙机采用直流电动机，工作电源是直流电。ZD6 系列电动转辙机就是直流转辙机，由直流 220V 供电，是我国铁路使用最广泛的电动转辙机，由于 ZD6 系列电动转辙机采用内锁闭方式，不适用于提速道岔，主要用于非提速区段以及提速区段的侧线上。

1. ZD6-A 型电动转辙机的结构

以 ZD6-A 型电动转辙机为例，其主要由电动机、减速器、动作杆、表示杆、移位接触器、底壳等组成，如图 1.10 所示。

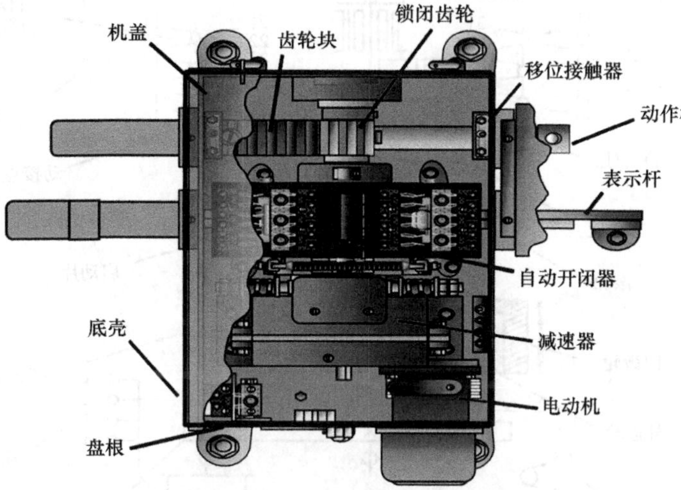

图 1.10　ZD6-A 型电动转辙机的结构

电动机为电动转辙机提供动力，采用直流串激电动机。减速器用来降低转速以获得足够的转矩，并完成传动。减速器由第一级齿轮和第二级行星传动式减速器组成，两级间以输入轴联系，减速器由输出轴和主轴联系。摩擦联结器是为了使电动机和主轴间形成非硬性联结，以防止过载的状态下损坏齿轮和烧坏电动机。转换锁闭装置是一个把旋转运动改变为直线运动、带动尖轨位移并最后完成内部锁闭的装置。自动开闭器是反映道岔尖轨位置状态的部件，在转换过程中接通和断开电动机电路。挤切联结器用以在挤岔时保护转辙机内部部件不受损害，同时向车站值班员报警，它直接与行车安全有关。正常转换道岔时，应保证不发生挤切动作。当道岔被挤时，尖轨离开基本轨，将连接动作杆和转换锁闭装置的挤切销挤断，移位接触器接点断开，切断道岔表示电路发出挤岔报警。安全接点(又称遮断器)是为了确保维修人员安全而设的，只有打开遮断器，才能插入手摇把人工转换道岔，或者打开机盖进行检修。

2. ZD6-A 型电动转辙机的动作过程

图 1.11 为 ZD6-A 型电动转辙机的传动原理图。图中表示的各机件所处的位置是左侧锁闭(假设为定位)状态，此时自动开闭器第 1、3 排接点闭合。下面简述其传动过程。

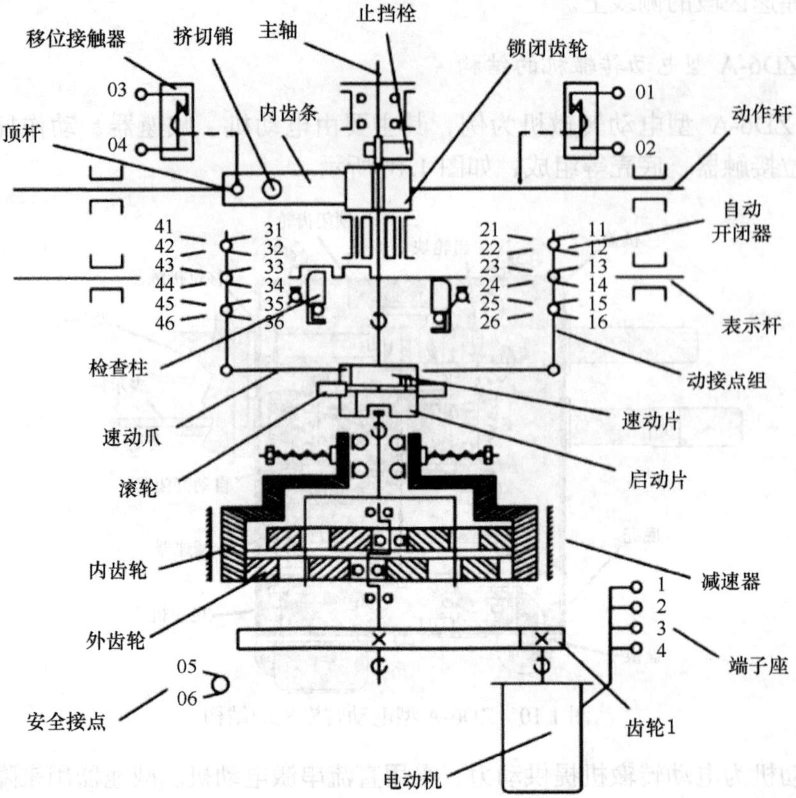

图 1.11　ZD6-A 型电动转辙机的传动原理图

当电动机通入规定方向的道岔控制电流，电动机轴按图 1.11 所示的逆时针方向旋转。电动机通过齿轮带动减速器，这时输入轴按顺时针方向旋转，输出轴按逆时针方向旋转。输出轴通过启动片带动主轴，按逆时针方向旋转。锁闭齿轮随主轴逆时针方向旋转，且在旋转中完成解锁、转换、锁闭三个过程，拨动齿条块使动作杆带动道岔尖轨向右移动，密贴于右侧尖轨并锁闭。同时通过启动片、速动片、速动爪带动自动开闭器的动接点组与表示杆配合，断开第 1、3 排接点，接通第 2、4 排接点，完成电动转辙机转换、锁闭及给出道岔表示的任务。

手动摇动转辙机时，先用钥匙打开盖，露出摇把插孔，将摇把插入减速大齿轮轴，摇动转辙机至所需位置，此后虽抽出摇把，但安全接点仍被断开，因此必须打开机盖、合上安全接点，转辙机才能复原。

3. ZD6 系列电动转辙机

ZD6 系列电动转辙机从 1981 年开始生产，先是 ZD6-A 型电动转辙机，随着铁路运输的发展、重型钢轨和大号码道岔的大量使用，ZD6-A 型电动转辙机已不能满足要求，出现了满足各种需求的 ZD6 型电动转辙机的派生型号，逐步形成了 ZD6 系列。各 ZD6 型电动转辙机的额定工作电压均为直流 160V。

ZD6-D 型电动转辙机适用于牵引 50kg/m、50kg/m AT、60kg/m、60kg/m AT 单开道岔尖轨。它增加了表示杆的功能，使之对尖轨也有机械锁闭作用，构成双锁闭。

ZD6-E 型电动转辙机在原有电流消耗的前提下，增大了牵引力，扩大了转换过程，具有双锁闭功能，适用于 50kg/m 12 号 AT、60kg/m 12 号 AT、60kg/m 18 号 AT、75kg/m 12 号 AT、75kg/m 18 号 AT 道岔第一点牵引。

ZD6-F 型电动转辙机是在 ZD6-E 型电动转辙机基础上研制而成的，将动程缩短为 130mm，适用于 60kg/m 以上可动心轨道岔的第一点牵引。

ZD6-J 型电动转辙机是 ZD6-D 型电动转辙机的派生产品，适用于 60kg/m AT 道岔的第二点牵引，用来辅助牵引尖轨。它与 ZD6-E 型电动转辙机配合牵引 AT 道岔，称为“双机牵引”制式。

另外还有 ZD6-G 型电动转辙机，它是双锁闭、可挤型，适用于 60kg/m 单开道岔。ZD6-H 型电动转辙机是单锁闭、可挤型，适用于 50kg/m 复式交分道岔。

1.3.4 交流转辙机的基本原理

1. S700K 型电动转辙机的结构

S700K 型电动转辙机主要由外壳、动力传动机构、检测和锁闭机构、安全装置、配线接口五大部分组成，其结构如图 1.12 所示。

外壳主要由铸铁底壳、动作杆罩筒、导向套筒、导向法兰等组成。

动力传动机构主要由三相交流电动机、齿轮组、摩擦联结器、滚珠丝杠、保持联结器、动作杆等组成。三相交流电动机为转辙机提供动力；齿轮组由摇把齿轮、电机齿轮、中间齿轮及摩擦联结器齿轮组成，将电动机的旋转驱动力传递到摩擦联结器上，并将电动机的高速转速降低，以增大旋转驱动力，适应道岔转换的需要，这是转辙机的第一级降速；摩擦联结器将齿轮组变速后的旋转力传递给滚珠丝杠；滚珠丝杠相当于一个直径 32mm 的螺栓和螺母，当滚珠丝杠正向或反向旋转一周时，螺母前进或后退一个螺距，它一方面将电动机的旋转运动变成丝杠的直线运动，另一方面起到减速作用，减速比取决于丝杠的螺距；保持联结器是转辙机的挤脱装置，利用弹簧的压力通过槽口式结构将滚珠丝杠与动作杆连接在一起；当道岔的挤岔力超过弹簧压力时，动作杆滑脱，起到整机不被损坏的保护作用，相当于 ZD6 系列电动转辙机的挤岔装置。根据现场实际需要，保持联结器可采用可挤型和不可挤型。可挤型是指保持联结器利用其内部弹簧的压力将滚珠丝杠和动作杆连接在一起，弹簧的挤岔阻力可分别设定为 9kN、16kN、24kN、30kN 等，当道岔的挤岔阻力超过弹簧设定的压力时，动作杆滑脱，实现挤岔时的整机保护。不可挤型是工厂将保持联结器内部的弹簧取消，放一个止挡环，用于阻止与动作杆相连的保持栓的移动，成为硬连接结构。挤岔锁定力为 90kN。当道岔挤岔阻力超过 90kN 时，会挤坏硬连接结构的保持联结器，整机需送回工厂修理。

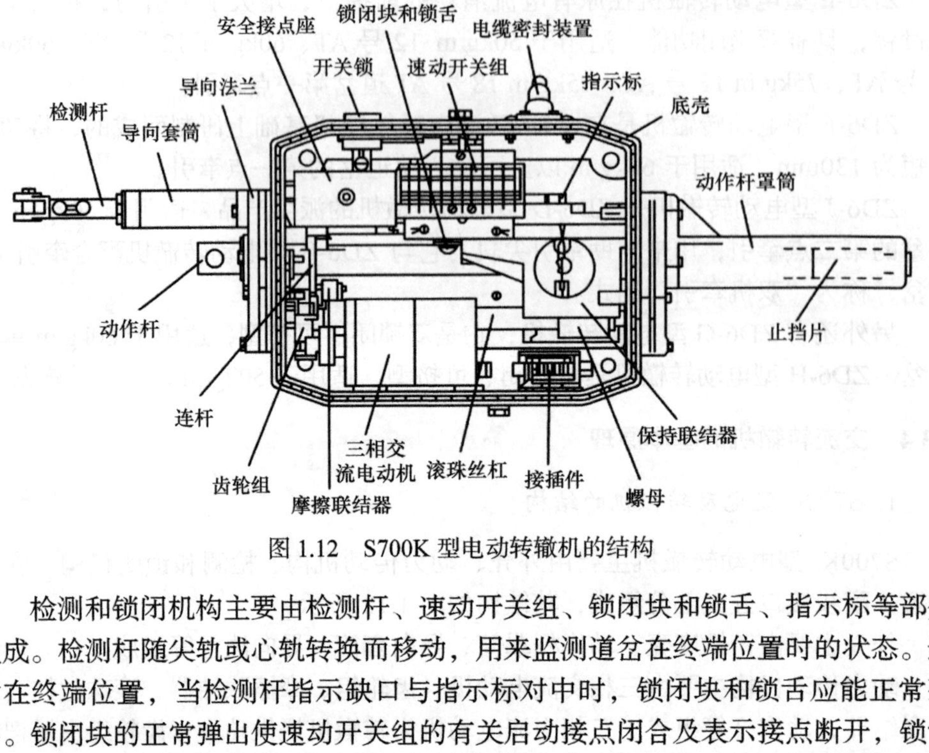

图 1.12　S700K 型电动转辙机的结构

检测和锁闭机构主要由检测杆、速动开关组、锁闭块和锁舌、指示标等部分组成。检测杆随尖轨或心轨转换而移动，用来监测道岔在终端位置时的状态。道岔在终端位置，当检测杆指示缺口与指示标对中时，锁闭块和锁舌应能正常弹出。锁闭块的正常弹出使速动开关组的有关启动接点闭合及表示接点断开，锁舌的正常弹出用于阻挡转辙机保持联结器的移动，实现转辙机的内部锁闭。速动开关组实际上是采用了沙尔特堡接点组的自动开闭器，它随着尖轨或可动心轨的解锁、转换、锁闭过程中锁闭块的动作自动开闭，以自动开闭电动机的动作电路和道岔表示电路。

安全装置主要由开关锁、连杆等组成。开关锁是操纵遮断开关闭合和断开的机构，用来在检修人员打开电动转辙机机盖进行检修作业或车务人员插入摇把转换道岔时，断开电动机动作电路，防止电动机误动，保证人身安全。

配线接口主要由电缆密封装置、接插件组成。

2. S700K 型电动转辙机的动作原理

S700K 型电动转辙机的机械传动过程如图 1.13 所示，电动机转动后带动一系列机械设备转动，从而带动道岔转换。

1) S700K 型电动转辙机的传动过程

S700K 型电动转辙机的机械传动机构按如下过程工作：

(1) 电动机的转动通过减速齿轮组，传递给摩擦联结器；

(2) 摩擦联结器带动滚珠丝杠转动；

(3) 滚珠丝杠的转动带动丝杠上的螺母水平移动；

(4) 螺母通过保持联结器经动作杆、锁闭杆带动道岔转换；

(5) 道岔的尖轨或可动心轨经外表示杆带动检测杆移动。

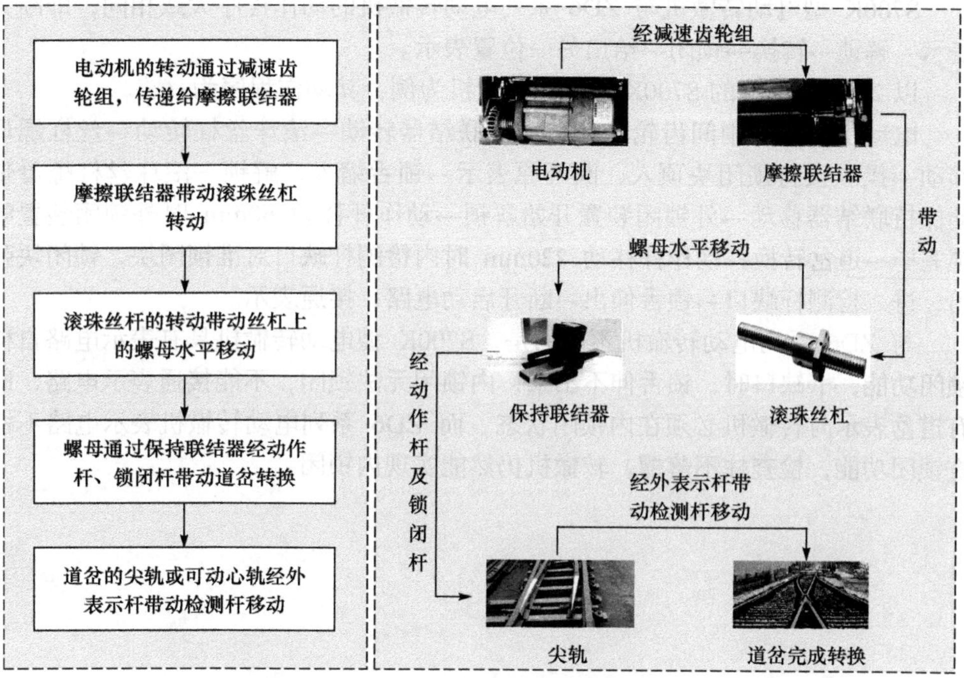

图 1.13　S700K 型电动转辙机的机械传动过程

2) S700K 型电动转辙机的动作过程

S700K 型电动转辙机的动作可分为三个过程：①解锁过程，也是断开表示接点的过程；②转换过程；③锁闭过程，也是接通表示接点的过程。现以 220mm 动程转辙机定位拉入为例分述各过程。

(1) 解锁过程。操纵道岔，需要使转辙机动作杆由拉入变为伸出位置时，三相电动机得到 380V 交流电源，使电动机顺时针方向旋转，经齿轮组及摩擦联结器滚珠丝杠向顺时针方向旋转，从而使丝杠上的螺母向左侧运动。在运动过程中，由操纵板将锁闭块顶进，使表示接点断开，同时带动左锁舌向缩进方向运动，直至左锁舌完全缩进。

(2) 转换过程。在转辙机解锁后，三相电动机继续转动，滚珠丝杠上的螺母继续向左侧运动，带动保持联结器向左侧运动，由于保持联结器与动作杆固定为一体，动作杆向左侧(伸出方向)运动，带动道岔尖轨或可动心轨进行转换，当动作杆运动 220mm 时，即完成了转换过程。

(3) 锁闭过程。当动作杆向左侧运动 220mm 时，检测杆在尖轨带动下运动 160mm 或在可动心轨带动下运动 117mm，这时锁闭块弹出，接通表示接点，同时右锁舌也弹出，锁住保持联结器，使动作杆不得随意窜动。

3) S700K 型电动转辙机的动作程序

S700K 型电动转辙机与 ZD6 系列电动转辙机的动作程序大致相同，即断开表示→解锁→转换→锁闭→给出另一位置表示。

以 220mm 动程的 S700K 型电动转辙机为例，其动作程序为：

电动机转动→中间齿轮转动→摩擦联结器转动→滚珠丝杠转动→丝杠螺母移动→操纵板将锁闭块顶入，断开原表示→锁舌缩入，解锁—滚珠丝杠螺母带动保持联结器移动→外锁闭装置开始解锁→动作杆移动 60mm 时外锁闭装置解锁完毕→道岔转换→动作杆移动 220mm 时内检测杆缺口对准锁闭块，锁闭块弹出，进入检测杆缺口→锁舌伸出→断开启动电路，接通表示。

与 ZD6 系列电动转辙机不同的是，S700K 型电动转辙机具有表示电路自检锁闭功能，卡缺口时，锁舌伸不出来，内锁闭无法锁闭，不能接通表示电路，即有道岔表示时转辙机必须在内锁闭状态。而 ZD6 系列电动转辙机表示电路不检查锁闭功能，检查柱不落槽，转辙机仍然能实现内锁闭。

第 2 章　道岔监测系统

道岔是电务现场关键设备之一，由于转换运动频繁，易受外部环境影响，成为电务故障的多发设备之一。一旦发生道岔转辙设备故障，轻则发生行车事故、影响运营，重则翻车掉道、造成人员伤亡和财产损失。目前我国主要采用道岔监测系统来实现对道岔的监测。

2.1　道岔监测的必要性

2.1.1　道岔事故

道岔故障频繁发生，其后果往往非常严重，下面介绍几例由道岔故障导致事故的案例。

意大利当地时间 2018 年 1 月 25 日早晨 7 点左右，一列火车在意大利北部城市米兰附近脱轨，如图 2.1 所示。该事故不仅造成意大利北部米兰至威尼斯段火车运营全线延误，而且至少 5 人死亡，逾 100 人受伤。据当地媒体报道，该通勤列车当时正驶向米兰，在皮奥尔泰洛路段发生脱轨，脱轨事件的初步原因是道岔机械装置故障。

图 2.1　“1 · 25”米兰火车脱轨事故现场

图片来源：《每日快报》

莫斯科时间 2014 年 7 月 15 日早晨，莫斯科地铁在“斯拉夫大道”站发生地铁脱轨事故，如图 2.2 所示。该列地铁是在驶离地铁站 200m 处发生脱轨，共有三节车厢脱轨，其中一节严重变形。该事故造成 20 人死亡，161 人受伤。这是莫斯科地铁系统开通近 80 年来最严重的事故之一。调查委员会称，根据调查结果，脱轨事故原因系地铁内道岔系统故障。事故发生时，道岔系统内所使用的 3mm 电线破损，造成道岔系统无法正常工作。

图 2.2　莫斯科地铁脱轨事故现场
图片来源：火车网

北京时间 2014 年 7 月 25 日 14 点，湖北武汉汉阳马鹦路国博大道路口以西约 500m 的铁路线上，一辆运煤列车经过道岔变道时，道岔突然故障，导致三节车厢脱轨，无人员伤亡，如图 2.3 所示。

图 2.3　武汉汉阳运煤列车脱轨事故现场
图片来源：http://slide.news.sina.com.cn/c/slide_1_2841_64110.html/d/8#p=2

北京时间 2015 年 6 月 19 日 19 点 10 分左右，在南京地铁 2 号线马群站，一处道岔突发故障，导致两个方向多辆列车长时间延误，延误时间长达 1.5h，造成了马群站有大量客流滞留，如图 2.4 所示。

图 2.4 南京地铁 2 号线发生道岔故障
图片来源：现代快报网

2.1.2 道岔监测必要性分析

在铁路室外信号控制设备中，道岔作为动态设备，使用非常频繁，同时受列车过车振动、钢轨爬行、机械磨损、雨雪天气的影响，其故障率在信号系统中是最高的。道岔的不稳定因素较多，常出现道岔动作不到位、道岔断表示、道岔不解锁等问题，同时由于道岔具有数量多、构造复杂、使用寿命短、限制列车速度、行车安全性低、养护维修投入大等特点，是铁路信号设备的薄弱环节。这些故障都会影响道岔的正常使用，造成列车晚点等情况。道岔设备状态的稳定直接影响列车的通过能力，对铁路运输效率起着至关重要的作用。

从上海铁路局电务系统历年信号设备故障数量统计来看，道岔设备故障数量一般占设备故障总数的 30%～40%。据上海铁路局电务系统统计，2012 年共发生道岔设备故障(含设备不良反应)102 件，2013 年发生 193 件。由统计结果分析，道岔转换设备已经是电务部门故障率最高的设备，而且有故障率上升的态势，道岔转换设备故障已经影响到了铁路运输安全，并造成旅客列车晚点和铁路运输效率下降等问题。

根据现场实际情况来看，道岔的日常检修维护是铁路电务系统维护最主要的工作，铁路道岔转辙机缺口、油压油位、转换阻力等主要技术指标和运用状态的掌握完全依赖于信号人员现场巡查和人工测试。根据现有的养护检修周期要求，转辙机每周都要检查缺口是否偏移，每三个月至少开箱检修一次，对设备的整体状态全面检查一遍，然而每个电务段管内转辙机数目巨大，转辙机开箱检查和维护工作量巨大，并且还不能实时掌握道岔转换设备运行状态。

维护工作只能在调度所给定的“天窗”内进行，由于天窗点作业时间短，夜间作业安排较多，维修作业缺乏事前指导，针对性不强，维修效果不明显，越来越不能满足现场维修的需要。现行的维修模式主要有计划维修和故障处理维修两种，计划维修指根据设备的维修周期，定期地组织设备维护及检修；故障处理维修指为恢复设备设施的正常使用功能而进行维护修理的工作。

在现有的维修模式下，道岔检修存在一些问题：①按周期检修没有科学的检修依据，造成大量人力和物力的浪费，不利于节约成本、提高效益；②过度地反复维修，增加了人为故障风险，同时存在人身安全的隐患；③现场维修人员素质参差不齐，责任心不同，不同的人维修管理质量存在差异，作业前缺乏事前指导，维修效率不高。

当前的道岔维修方式已经不能确保设备的稳定可靠，迫切地需要对道岔状态进行实时的监测，根据监测到的实时数据，对道岔状态进行智能分析并进行状态趋势预报，而普遍采用的微机监测系统，监测道岔状态信息较少，无法实现道岔状态的实时监测。随着铁路运行速度的提升以及建设规模的不断扩大，工作人员利用微机监测系统所采集的道岔动作电流或功率曲线来识别道岔故障的方法已经不能满足需求。

道岔综合监测系统是采集铁路道岔控制系统中关键点的重要参数，如电压、电流、功率、振动、温度、湿度、倾斜、道岔吹沙(雪)、道岔液压、道岔密贴、道岔推拉力等参数，通过对这些参数的实时监测、记录、综合分析，可以实时监测铁路道岔工作的状态，确定安全等级及维修周期，指导信号人员及时掌握道岔状态和对道岔进行适应性调整，减少道岔的故障率，对保证机车安全、提高铁路运输效率具有深远的意义。

2.2　道岔监测系统的基本原理

2.2.1　道岔监测系统的相关标准规范

道岔综合监测系统设备应符合以下标准和规定：

(1)《铁路道岔转辙机　第 1 部分：通用技术条件》(GB/T 25338.1—2019)；

(2)《环境试验　第 2 部分：试验方法　试验 Cab：恒定湿热试验》(GB/T 2423.3—2016)；

(3)《铁路信号集中监测系统安全要求》(运基信号〔2011〕377 号)；

(4)《铁路信号集中监测系统技术条件》(Q/CR 442—2020)；

(5)《铁路防雷、电磁兼容及接地工程技术暂行规定》(铁建设〔2007〕39 号)；

(6)《通信局(站)防雷与接地工程设计规范》(GB 50689—2011)；

(7)《信息技术设备的无线电骚扰限值和测量方法》(GB/T 9254—2008)；

(8)《轨道交通　电磁兼容　第 4 部分：信号和通信设备的发射与抗扰度》(GB/T 24338.5—2018)；

(9)《铁道信号设备雷电电磁脉冲防护技术条件》(TB/T 3074—2017)；

(10)《铁道信号产品绝缘电阻》(TB/T 1447—2015);

(11)《铁路通信信号产品的绝缘耐压》(TB/T 1448—2018);

(12)《关于规范铁路专用设备产品准入管理的若干规定》(铁政法〔2011〕202 号)。

2.2.2　道岔监测系统的主要结构

道岔综合监测系统网络结构采用基于传输控制协议/网际协议(transmission control protocol/internet protocol, TCP/IP)的广域网模式，分为电务段、车间、车站三个层次，由电务段监测中心、车站监测网以及广域网数据传输系统组成。

电务段调度指挥中心应配备设备监控监测子系统。车间、工区根据管内设备情况，配备相应系统维护终端。段、车间和工区的安全监控职责分工为：工区、车间对管内设备实施安全监控和数据分析；段调度指挥中心对管内设备进行定期监控分析。

道岔综合监测系统的网络结构如图 2.5 所示，采用电务段、车间、车站三级监测网络构成。

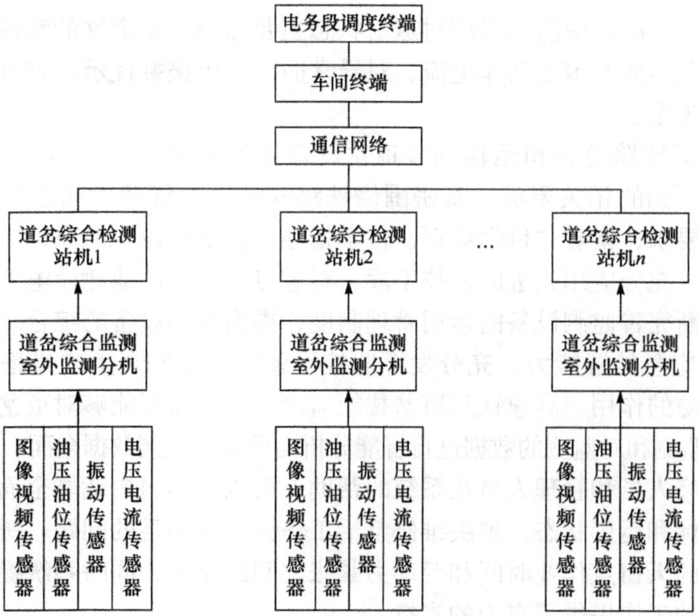

图 2.5　道岔综合监测系统的网络结构

2.2.3　道岔监测系统的主要功能

国外高速铁路起步较早，对道岔综合监测系统的研究十分重视，也做出了一些产品，技术比较完善，并广泛运用在高速铁路现场，如德国和奥地利的 Roadmaster2000 道岔监测系统、法国的轨道和道岔监控系统(track and turnout monitoring system)，积累了相当多的运用经验及数据案例基础，同时设计了相应的智能分析系统，将监测到的数据与标准值进行比对，当数值不在规定范围内时，系统会自动给出相应的预警信息。

德国铁路道岔监测系统能够监测道岔尖轨位置、转辙机的扳动转换时间、动作时的电气参数、转换阻力等数据，并同步监测信号系统和轨道电路其他环境状态，将监测到的道岔各种数据通过网络传送到车站维护中心进行处理，车站维护中心进行分析后给出相应的报警。该系统的安装与道岔没有机械连接装置，不会影响道岔的正常使用，符合监测系统相关的设计原则，方便设备的维护与改造。

法国高速铁路道岔监测系统是广泛应用的系统，它用于监测道岔的安装装置的密贴间隙、转辙机转换力、基本轨和辙叉心磨耗、设备通信状态等各种实时数据。通过专用的监测网络将采集到的各类数据信息上传到地面控制中心，再进行一系列的综合分析与智能预警。

国内的道岔监测系统以微机监测系统为主，道岔状态的监测只是此系统中的一小部分。集中监测系统已使用多年，现有的集中监测设备已实现了对道岔的电压、电流、功率等电气参数的监测功能，室内环境监测中监测了温度、湿度等项目。目前已采用的集中监测系统对道岔状态主要监测的是道岔的室内电气参数，通过电流互感器监测道岔动作电流，对异常曲线给出报警提示，室外的状态监测以缺口视频为主。

依据中国铁路总公司运输局《道岔缺口监测系统技术规范》(运电信号函〔2015〕315 号)的相关要求，紧密围绕铁路安全风险管理“动态控制、超前防范”的目标要求，本着“科学规划、科学指导、科学建设”的原则，整合既有监测监控资源，充分应用先进的科技手段，有重点、分层次地建设电务系统安全监控体系，不断完善监测设备的运用管理制度，提高监测设备的综合利用水平，增强电务系统应急处置能力，充分发挥监控设备在铁路安全生产过程中的动态监控、超前预防的作用。高速铁路道岔智能监测系统，需要能够对道岔设备各项状态进行实时监测和对监测的数据进行智能分析与预警，监测数据全面、准确性高。

现场维修人员和管理人员在系统的帮助下可以足不出户就能全面掌握转辙机各种动态指标和运用状态，解决维修整治工作针对性不足的问题，缓解设备质量要求与有限的天窗点作业时间和劳动力紧张之间的矛盾，同时系统提供的数据为道岔科学养护工作提供了有力的支持。

道岔监测系统的主要功能如下：

(1) 缺口视频实时状态显示。实时记录转辙机缺口位置图像，进行图像分析后，给出缺口数值、定位和反位信息，可以任意时刻查看某个道岔的图像，足不出户就能直观地了解道岔处于何种状态。当道岔转辙机出现故障时，电务维护人员可以远程指导现场工人进行抢修。

(2) 利用系统维护软件对缺口进行智能分析。智能计算道岔缺口的偏离值，当计算的偏离值超过设置值(可以任意设定)时，上位机给出报警信息，根据预先定义的逻辑，实现一级、二级、三级实时报警和预警，并通过声、光和语音进行超值报警，给出分析结论，供电务维护人员参考。

(3) 回放以及历史记录查询功能。实现电务信号设备运行数据的“黑匣子”记录与历史回放功能，采集记录道岔扳动过程视频及过车振动视频，实现回放系统周期采集到的道岔缺口图像和各种数据随时记录存储的功能，并且可以记录转辙机缺口变化曲线、电压、电流、振动加速度等实时测试表格、历史数据表格、日报表、实时曲线、日曲线、月曲线、年趋势线，显示各项数据状态变化的过程，通过各种历史曲线的绘制可以再现设备当时的运行情况。

(4) 油位的采集并上传。传感器 24h 不间断地监视油槽内油位的变化情况，当油位低于设置的预警值时，监测站机给出报警信息，并通过声、光和语音进行缺油报警。

(5) 油压的采集并上传。道岔扳动时，传感器按 100ms/次的采集速度采集转辙机油压的变化情况。油压曲线较好地反映了道岔扳动的情况，油压出现异常波动时，实际上就是转辙机处于不正常的工作状态。

(6) 道岔扳动时阻力数据采集、上传，并超值报警。

(7) 测量过车振动加速度数据。

(8) 状态告警记录查看，通过通信传输将监测数据传送给上级界面。

2.3　主要道岔监测系统介绍

下面对国内典型的道岔监测系统进行介绍。

2.3.1　CSM-TD 型信号微机监测系统

1. 系统概述

在我国铁路跨越式发展和大提速的背景下，保障铁路运输安全和提高铁路运输效率之间的矛盾显得日益突出。提高铁路运输效率要求铁路信号设备必须稳定可靠不间断地运行，尽量减少设备维修次数，压缩设备维修时间和故障延时；保障铁路运输安全又要求电务人员定期或不定期地检查、检修信号设备，随时掌握其工作状态，克服设备存在的隐患，尽量减少设备带病工作。铁路管理体制改革后，铁路局直管站段、电务段的生产力布局进行了重新调整，电务部门的安全管理难度更大，越来越多的电务人员意识到信号微机监测系统在保证行车安全、加强信号设备结合部管理、掌握信号设备运用状态、发现信号设备隐患、分析故障、指导现场维修、提高电务部门的维护水平和维护效率中的重要作用，同时迫切要求微机监测系统提高自身技术水平、增加监测内容、提高测试精度、强化设备预警和故障诊断功能，为电务部门由计划修到状态修管理体制的转变提供基础保障。

铁道部于 2010 年组织各铁路局、研制单位和高等院校的专家对 2006 版的微机监测技术条件进行了修订，并于同年 6 月下发了新的信号微机监测系统技术条件及相关落实意见，指导并统一了信号微机监测系统的结构和功能要求，为广大的微机监测系统用户、研制单位提供了相关依据。

CSM-TD 型信号微机监测系统是以铁道部公布的《铁路信号集中监测系统技术条件》(运基信号〔2010〕709 号)为依据推出的新一代微机监测系统。该系统继承了铁道部 TJWX-2006 型信号微机监测系统的隔离采样原理和采集机功能板件化组成等优点，并对硬件采集板、软件处理流程和实现功能进行了重新的设计和规划，增加了较多的信息采集，扩充了监测功能。系统硬件采用目前成熟、先进的单片机技术，实现了每块采集板件上都具有独立的 CPU(中央处理器)来计算、判断、分析并暂存板件自身所采集到的相关信息，并且实现了采集模拟量信息的板件在工厂使用标准波形的电压和电流的精确整定，提高了信号处理的精准性和实时性。同时，板件具有自诊断和报警功能，非常便于用户维护。系统软件采用模块化设计并汲取了当前流行的人机界面风格，对信息的存储、显示、报警、预警和故障诊断等功能都进行了彻底的改进和优化，系统可以实现多窗口同时打开操作，具有信息搜索引擎、曲线任意放大调阅等人性化、网络化功能。

CSM-TD 3.0 依据《铁路信号集中监测系统技术条件》(Q/CR 442—2020)、《铁路信号集中监测设备》(Q/CR 573—2017)进行开发设计。

2. 系统体系结构

监测系统体系结构包括系统配置的层次结构和数据通信的网络结构。监测系统的层次结构为“三级四层”结构，三级为铁道部、铁路局、电务段；四层为铁道部电务监测中心、铁路局电务监测中心、电务段监测中心、车站监测网。监测系统体系结构如图 2.6 所示。

铁道部电务段监测子系统配置通信管理机、铁道部监测终端；铁路局电务监测子系统配置应用服务器、监测终端、维护工作站；电务段监测子系统配置数据库服务器、应用服务器、监测终端、通信前置机(超过 200 个车站，增设一套)、接口服务器、Web 服务器(预留)、网络管理服务器、防病毒服务器、时钟服务器、网络通信设备、网络安全设备(防火墙等)、电源设备、防雷设备、维护工作站、监测终端等。监测终端主要包括电务段调度终端、实验室终端、车间终端、工区终端等，可根据需要配置相应的终端。铁道部通信管理机采用双机冗余备份技术以增加系统的可靠性。铁路局应用服务器、电务段应用服务器、电务段数据库服务器、电务段通信前置机都应采用双机冗余备份技术。车站监测网配置站机和采集设备。

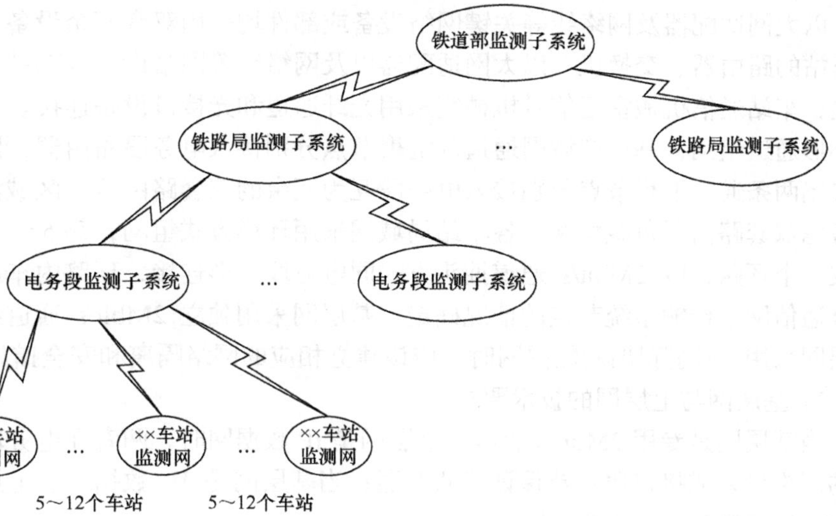

图 2.6　监测系统体系结构图

3. 系统网络结构

监测系统的网络结构分为车站、车间(工区)与电务段之间的基层网和电务段与铁路局、铁道部之间的上层网，如图 2.7 所示。基层网和上层网之间应该互联互通，确保新建线路车站监测既接入电务段，又接入现有铁路局监测系统中。

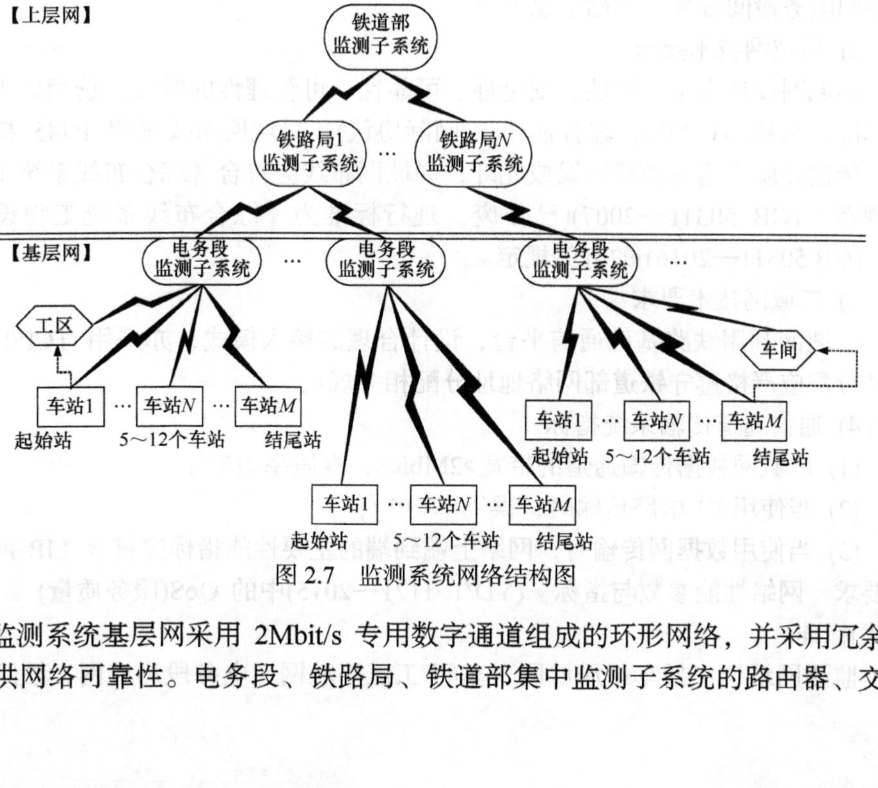

图 2.7　监测系统网络结构图

监测系统基层网采用 2Mbit/s 专用数字通道组成的环形网络，并采用冗余措施提供网络可靠性。电务段、铁路局、铁道部集中监测子系统的路由器、交换机、以太网适配器及网络线等关键网络设备或部件均采用双套冗余设备。监测系统车站的路由器、交换机、以太网适配器以及网络线等网络设备或部件采用单套配置；车站通信机械室至信号机械室采用光纤通道和光接口设备连接。基层网采用环形通道组网，基层广域网通道的汇聚节点分别接入电务段路由器，同一环路中首尾两条通道汇聚节点分别接入电务段互为冗余的双套路由器，区域汇聚节点可考虑双套路由器负载均衡。各车站局域网采用环形方式组网，每 5～12 个车站组成一个环路，以 2Mbit/s 通道抽头方式同电务段星形连接，环路内车站数量可结合通信网络传输系统节点的情况确定。基层网采用独立 2Mbit/s 通道组网，当基层网采用 IP(网际协议)数据网时，应该建立相应的网络隔离和安全措施。

1) 基层网与上层网的技术要求

当基层网是专用 2Mbit/s 通道、上层网是 IP 数据网时，两者在电务段增加相应的网络设备或接口服务器保证互联互通；当基层网是 IP 数据网、上层网是专用 2Mbit/通道时，实现要求同上。

当基层网与上层网均采用 IP 数据网时，上层网统一给基层网的每个车站、中继站、动车所、线路所、综合保养点、综合维修工区等节点分配 IP 地址，保证上层网和终端都可以联通基层网的每个节点。网络规划由设计院或 IP 数据网管理者统一考虑。

当客运专线跨多个电务段时，在电务段之间设置 2Mbit/s 专用数字通道，便于不同电务段间分界口车站信息共享。

2) 局域网技术要求

局域网设计满足一致性、安全性、可靠性、可管理性的要求；选用以太网系列标准，采用 TCP/IP(传输控制协议/网际协议)；局域网布线采用 RJ45 接口方式，传输介质为超五类双绞线或光纤，局域网布线应符合《综合布线系统工程设计规范》(GB 50311—2007)(已作废，现行标准为《综合布线系统工程设计规范》(GB 50311—2016))的有关规定。

3) 广域网技术要求

广域网利用铁路基础通信平台，设计合理的接入模式，亦采用 TCP/IP，IP 地址分配应严格遵守铁道部网络地址分配相关规定。

4) 通信通道传输系统指标

(1) 广域网数据传输通道的带宽≥2Mbit/s，误码率≤10^{-7}；

(2) 当使用 E1 电路传输时，误码率≤10^{-7}；

(3) 当使用数据网传输时，网络上端到端的主要性能指标应符合《IP 网络技术要求　网络性能参数与指标》(YD/T 1171—2015)中的 QoS(服务质量) 1 级(交互式)标准。

监测网结构包括车站局域网、车间/工区局域网、电务段局域网、铁路局局域网、铁道部局域网以及连接各层局域网的广域网。车站局域网、车间/工区局域网采用集线器或交换机进行组网，采用星形连接方式。传输速率要求不低于 100Mbit/s。车间/工区局域网采用两种方式接入监测网：①采用就近原则，即就近接入车站局域网中；②采用点对点方式通过不低于 2Mbit/s 通道连接到电务段局域网中。铁道部、铁路局以及电务段局域网采用交换机进行组网，采用星形连接方式。传输速率要求不低于 1000Mbit/s。铁道部局域网、铁路局局域网以及电务段局域网之间采用不低于 2Mbit/s 的通道星形连接。

监测系统网络各个节点之间的通信采用 TCP/IP 和统一的数据格式。监测系统网络应设置网络管理服务器，具备监督网络通道状况、数据流量、各接入节点计算机硬件配置情况和软件安装情况的功能。物理层和数据链路层根据数据传输通道选用相应协议，网络层采用 IP，传输层采用 TCP，应用层直接建立在 TCP/IP 之上，它详细规定了监测命令、数据的格式和应用程序的接口。在站机网络通信中，站机程序为 Client，而服务器运行 Server。当网络通信中断时，站机程序具有自动重联功能，并自动恢复正常通信。数据通信采用主动发送和命令应答两种方式以减少数据通信流量，变化开关量和报警数据及其他实时状态采用主动发送方式传输，而模拟量及其他成批数据采用命令应答方式传输。

网络设备主要包含路由器、协议转换器、交换机、调制解调器、光交换机、防火墙等。图 2.8 和图 2.9 为济南电务段规划的网络实现方案。

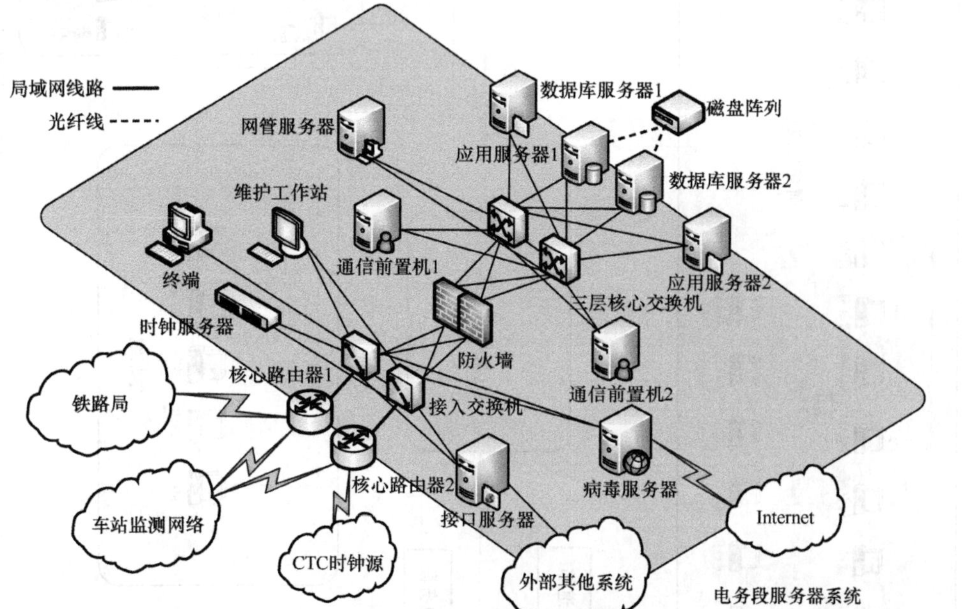

图 2.8　济南电务段监测中心网络构架图

CTC：调度集中控制

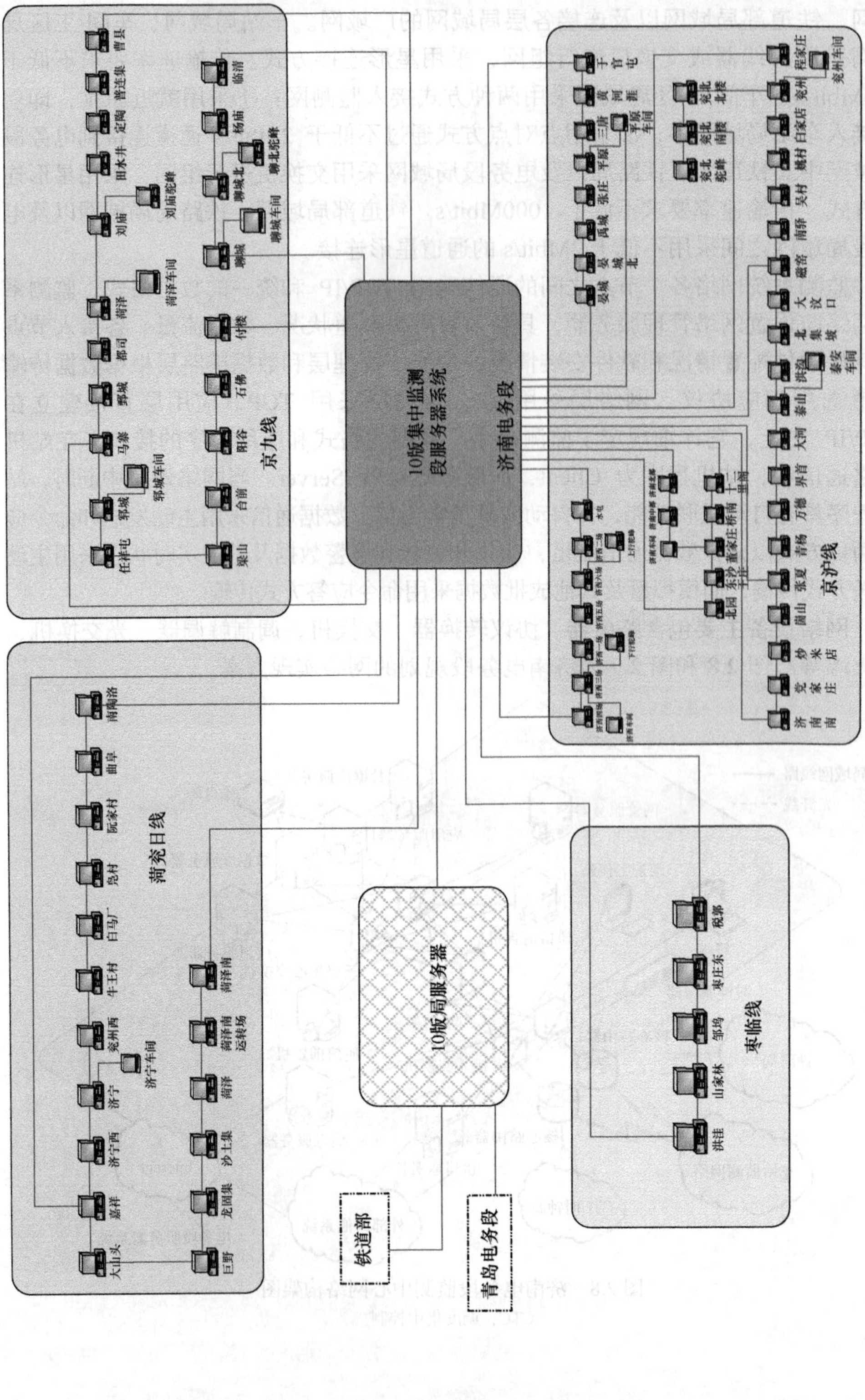

图2.9 济南电务段监测系统网络结构图

4. 站机结构

站机硬件系统负责数据的采集、分类和处理，包括站机、网络设备、采集机笼、隔离转换单元等。

(1) 站机：为工控机，对采集数据进行分类、存储处理，同时兼有操作界面。

(2) 网络设备：连接邻站及段服务器通信，包括路由器、协议转换器等。

(3) 采集机笼：对采集数据进行预处理。

(4) 隔离转换单元：用于采集模拟量与开关量，安置在采集点附近或采集分机中，具有安全隔离措施。

图 2.10 为站机系统结构图。图 2.11 为站机采集数据流图。

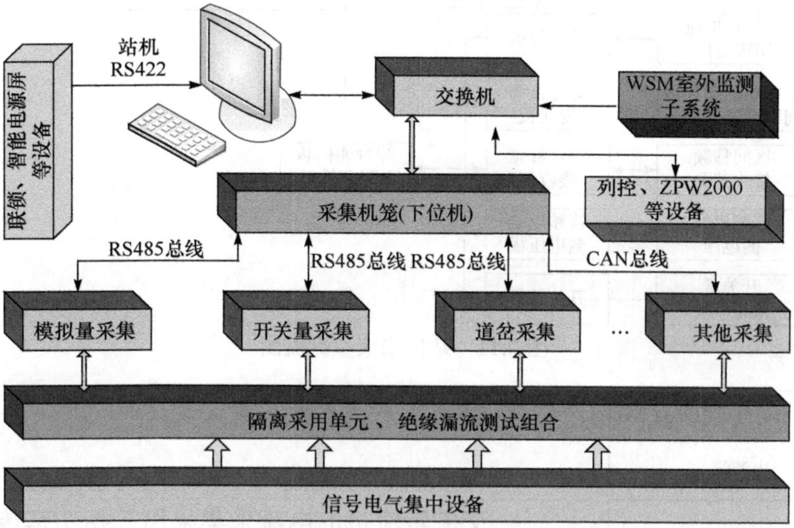

图 2.10 站机系统结构图

WSM：基于 Web 的系统管理程序；CAN：控制器局域网络

采集机柜按照欧标机柜(600mm×800mm×2350mm)制作。欧标机柜每层为 1 台采集机，最多放置 8 层，不能放置电缆测试组合，适合于微机联锁车站，放于微机房。监测机柜布置示意图如图 2.12 所示。采集分机可以根据站场规模增加配置。

采集机柜内部包含电源组合、采集机笼、电缆测试组合以及隔离转换单元(交流电源采集盒、直流电源采集盒、电缆测试盒、漏流灯丝测试盒等)。各采集机笼内的通信板通过交换机与站机相连，每个通信板分配 1 个特定的 IP 地址。

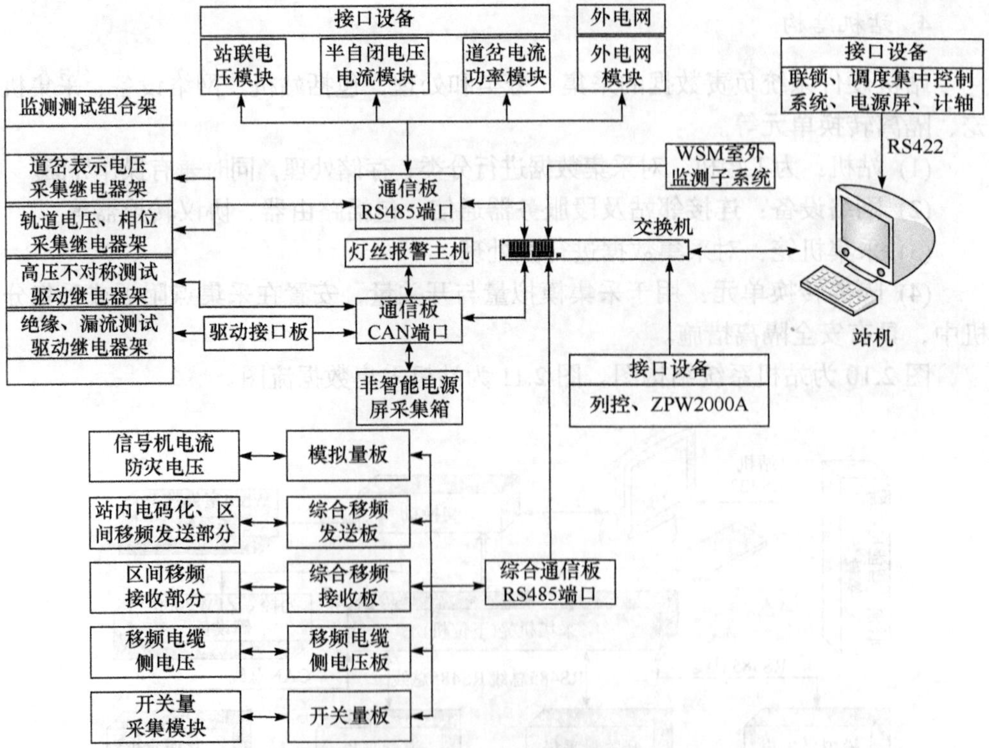

图 2.11　站机采集数据流图

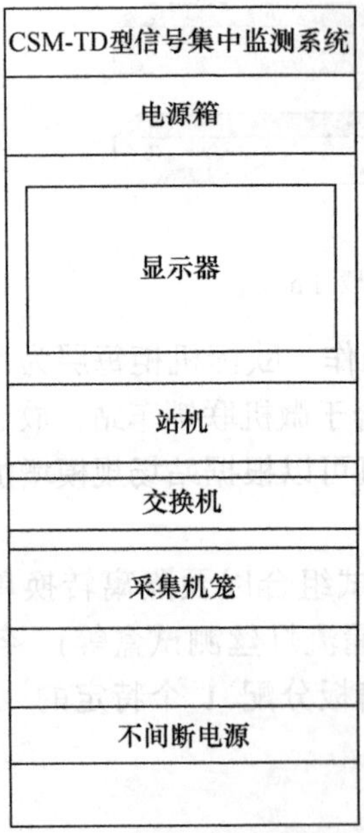

图 2.12　监测机柜布置示意图

5. 道岔相关参数采集方案

1) 交流提速道岔功率、电流的监测

交流转辙机的电流采集采用三相功率传感器，电流、电压集中采集处理。功率传感器可就近安装于道岔组合后面，也可以集中安装于组合架空位置，采用标准为 35mm 的标准导轨卡接安装。

2) 道岔表示电压

对于道岔表示采集单元的安装，新建站设计时应该就近在分线盘附近增加监测采集架，以便集中安装采集单元。

道岔表示电压的四根线引入道岔表示零散定型组合侧面，经继电器底座后进入继电器内部，经过隔离转换后进入采集器母版。

经过隔离转换后，采样现场总线方式通过光隔后进入采集分集通信板，通信板将采集器传送的信号处理后送至监测站机，采集器的工作电源经过保险防护后配线至道岔表示采集零散定型组合。

2.3.2　CSM-HH 型信号集中监测系统

CSM-HH 型信号集中监测系统的技术依据是《铁路信号集中监测系统安全要求》(运基信号〔2011〕377 号)和《铁路信号集中监测系统技术条件》(Q/CR 442—2020)。CSM-HH 型信号集中监测系统作为车站信号设备统一的监测平台，在电务信号维护中发挥着越来越重要的作用，特别是智能分析功能的增加，将逐步替代信号工日常大量的数据分析工作，其不断完善的趋势预警分析和故障点精确定位功能，为实现信号设备的"状态修"压缩故障延时奠定了坚实的技术基础。

1. 道岔相关参数采集方案

1) 交流转辙机

电压采集：断相保护器(DBQ)前级端子 11、31、51。

电流采集：将断相保护器 21、41、61 输出至后续电路的线缆，在穿芯式电流传感器中采集，如图 2.13 所示。

1DQJ 状态采集：使用开关量采集模块采集 1DQJ/1DQJF 继电器的 41 和 43 接点。

道岔分表示状态采集：采集 DBJ 和 FBJ 的一组空接点的前接点。若没有空接点，则应采用半组接点采集方式或增加复式继电器方式进行采集。

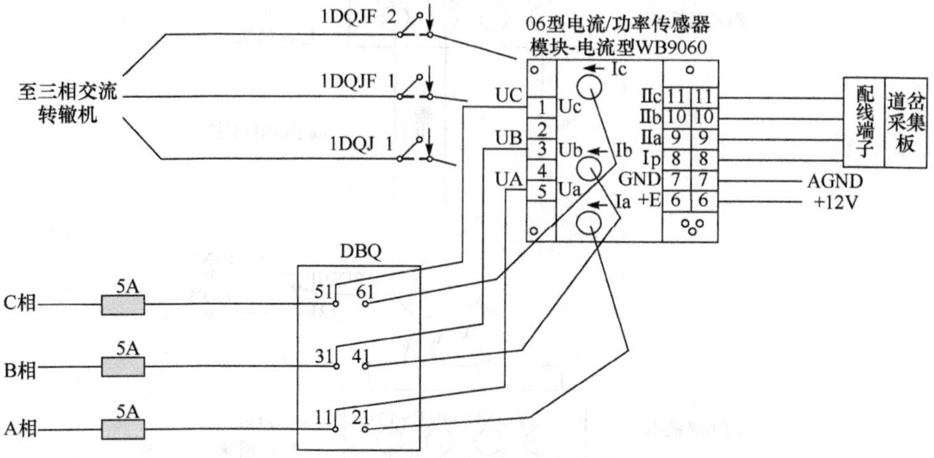

图 2.13　交流转辙机电流、功率采集原理图

2) 直流转辙机

四线制道岔电流采集：使用电流传感器穿芯方式采集从分线盘 X4 到道岔组合侧面的电缆，孔内线上电流流向需与电流传感器标注方向一致，如图 2.14 所示。

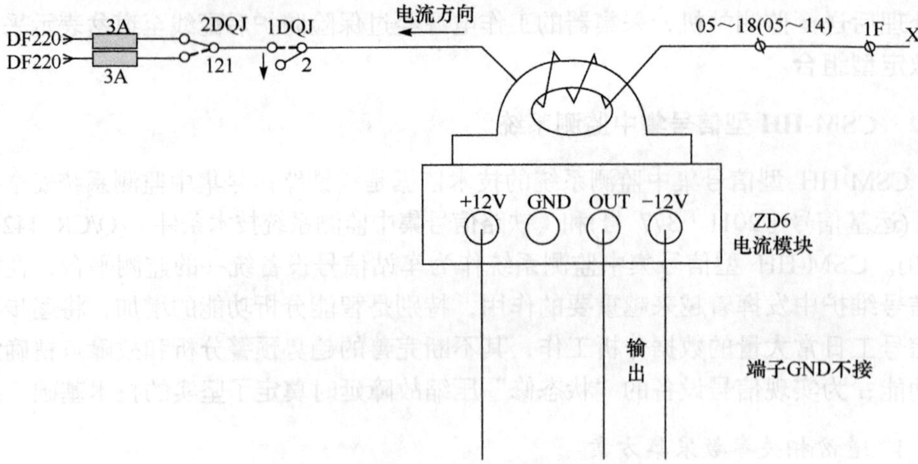

图 2.14　四线制道岔电流采集原理图

六线制道岔电流采集：使用两个电流传感器分别采集 1DQJ 至 2DQJF 的 111 和 121 之间的两根电流去线，孔内线上电流流向需与电流传感器标注方向一致，如图 2.15 所示。

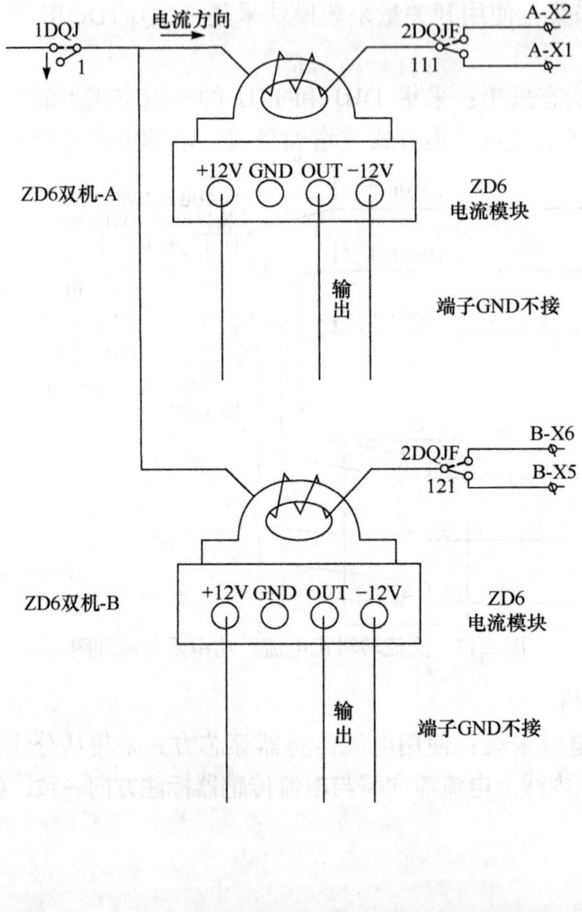

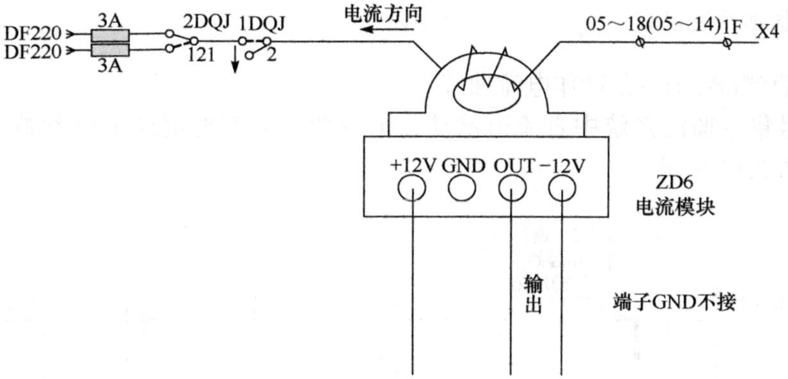

图 2.15　六线制道岔电流采集原理图

1DQJ 状态采集：使用开关量采集模块采集 1DQJ 继电器的 41 和 43 接点。

道岔分表示状态采集：采集 DBJ 和 FBJ 的一组空接点的前接点。

3) 采集原理

将道岔动作电路回线穿入电流取样模块圆孔，隔离采集道岔动作电流。输出 0～100mA(直流)或 4～20mA(交流)电流，经选通送至数字信号处理器(digital signal processing，DSP)处理进行模数(analog/digital，A/D)转换。转换后的数据(电流曲线)暂存在存储器里，当采集完成一条完整的曲线后(以 1DQJ 的动作时间为准，单条曲线最长可采集 40s)，主动将一条完整的道岔动作电流曲线数据送往站机处理，监测程序处理后产生动作电流曲线、功率曲线，如图 2.16 所示。

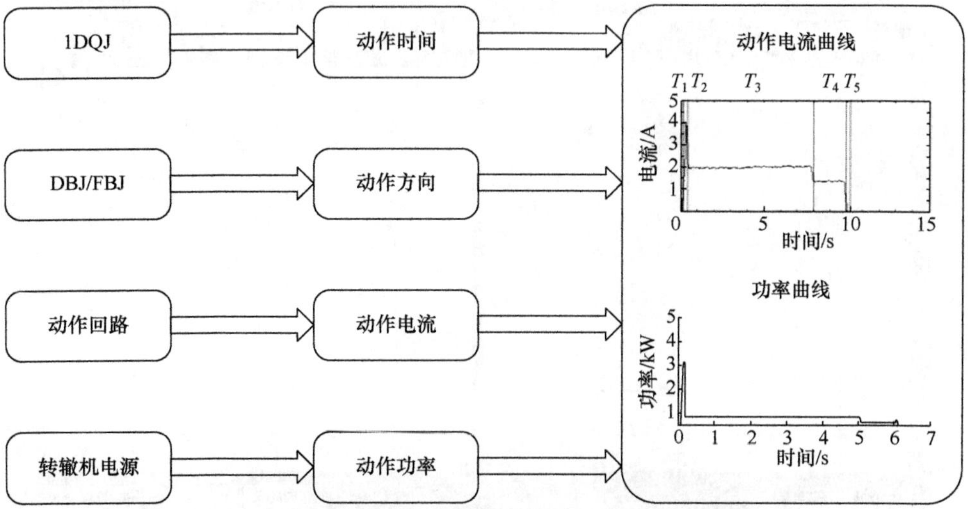

图 2.16　道岔动作电流、功率曲线采集原理示意图

2. 监测系统功能

1) 直流(普通)道岔动作电流曲线

信号集中监测系统中直流道岔动作电流曲线真实地记录了道岔整个动作过程，如图 2.17 所示。

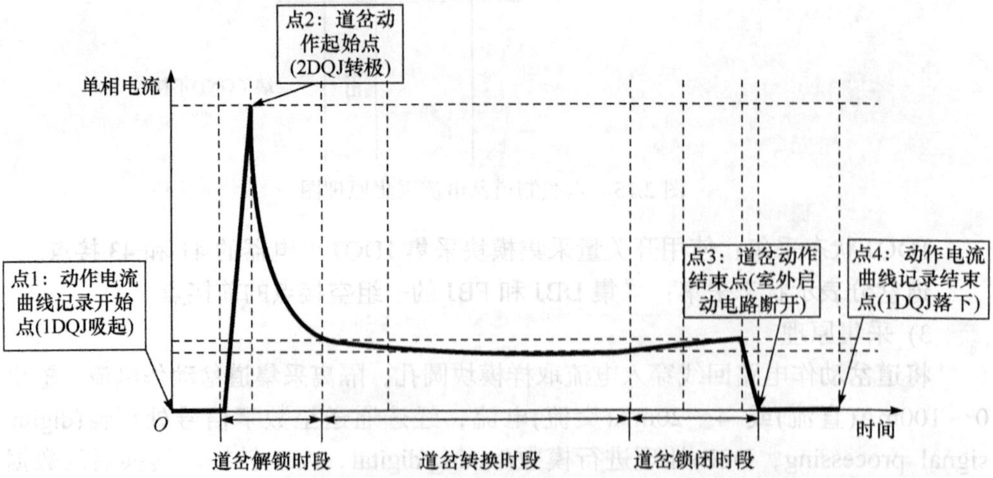

图 2.17　直流道岔动作电流曲线各阶段示意图

直流道岔动作电流曲线具体监测界面如图 2.18 和图 2.19 所示。

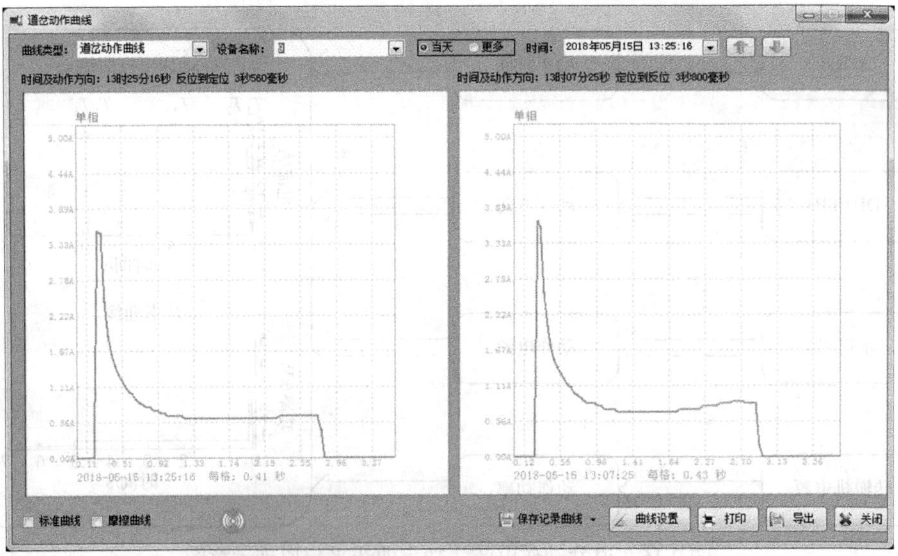

图 2.18　直流道岔动作电流曲线具体监测结果 1

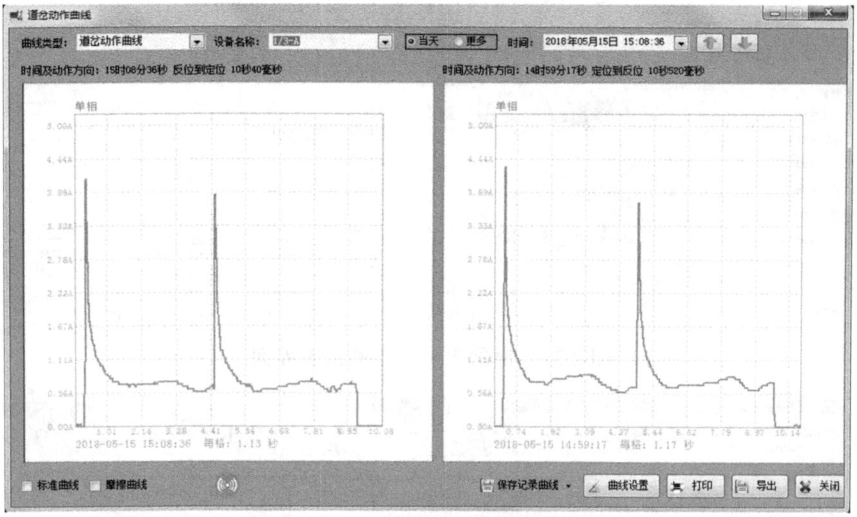

图 2.19　直流道岔动作电流曲线具体监测结果 2

2) 交流道岔动作电流曲线

信号集中监测系统中交流道岔动作电流曲线真实地记录了道岔整个动作过程。具体扳动过程同上。交流道岔动作电流曲线具体监测界面如图 2.20 所示。

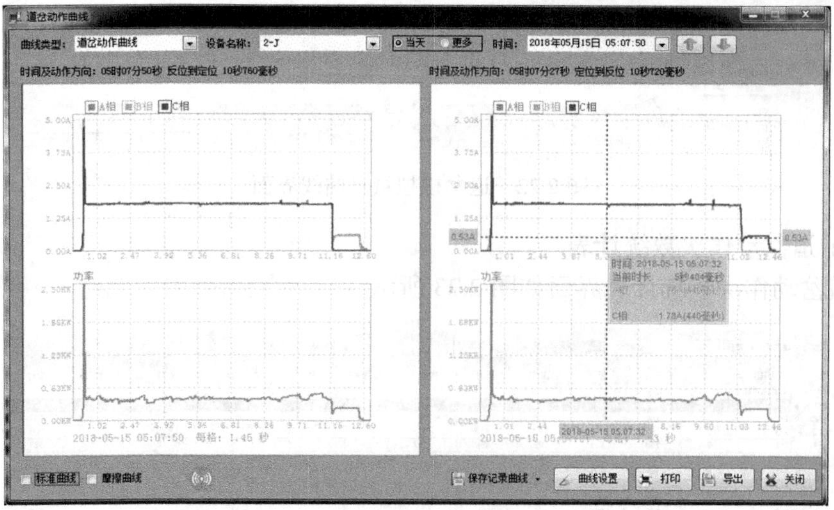

图 2.20　交流道岔动作电流曲线具体监测结果

3) 道岔表示电压测试表

道岔表示电压测试表界面如图 2.21 所示。

4) 道岔模拟量日曲线

道岔模拟量日曲线界面如图 2.22 所示。

图 2.21　道岔表示电压测试表界面

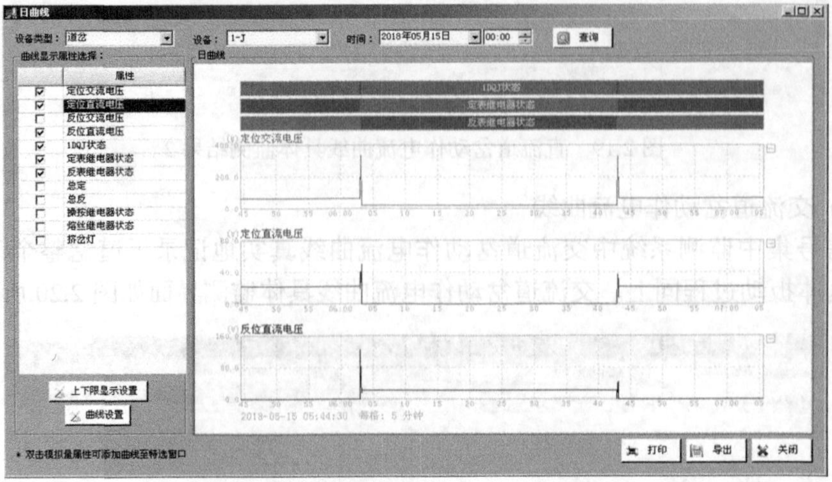

图 2.22　道岔模拟量日曲线界面

5) 道岔动作次数统计表

道岔动作次数统计表界面如图 2.23 所示。

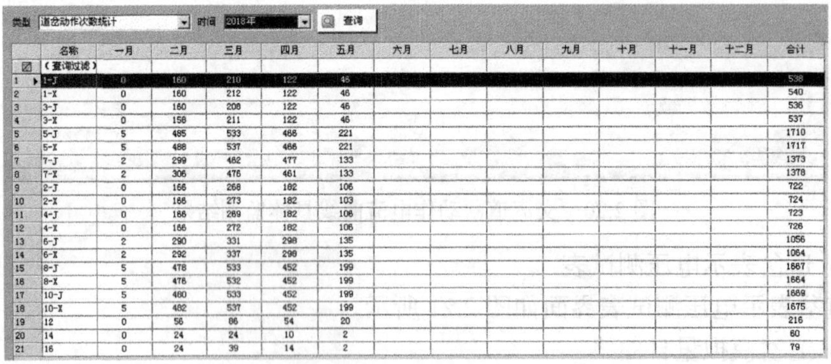

类型 道岔动作次数统计　时间 2018年　查询

	名称	一月	二月	三月	四月	五月	六月	七月	八月	九月	十月	十一月	十二月	合计
	(查询过滤)													
1	1-J	0	160	210	122	46								538
2	1-X	0	160	212	122	46								540
3	3-J	0	160	208	122	46								536
4	3-X	0	158	211	122	46								537
5	5-J	5	485	533	466	221								1710
6	5-X	5	488	537	466	221								1717
7	7-J	2	299	462	477	133								1373
8	7-X	2	306	476	461	133								1378
9	2-J	0	166	268	182	106								722
10	2-X	0	166	273	182	103								724
11	4-J	0	166	269	182	106								723
12	4-X	0	166	272	182	106								726
13	6-J	2	290	331	298	135								1056
14	6-X	2	292	337	298	135								1064
15	8-J	5	478	533	452	199								1667
16	8-X	5	476	532	452	199								1664
17	10-J	5	480	533	452	199								1669
18	10-X	5	482	537	452	199								1675
19	12	0	56	86	54	20								216
20	14	0	24	24	10	2								60
21	16	0	24	39	14	2								79

图 2.23　道岔动作次数统计表界面

6) 道岔故障分类

CSM-HH 型信号集中监测系统中，把道岔设备中常见的故障现象进行了报警分析，具体如表 2.1 所示。

道岔动作故障：道岔 1DQJ 动作，且动作后无表示。

表示电路故障：道岔 1DQJ 未动作，道岔无表示。

道岔动作异常：道岔 1DQJ 动作，且动作后有表示，但曲线波形、时长、电流等有异常。

表 2.1　常见道岔设备报警项目表

提速道岔			普通道岔		
序号	报警类型	报警项目	序号	报警类型	报警项目
1	道岔动作故障	1DQJ 未吸起	1	道岔动作故障	1DQJ 未吸起
2		2DQJ 未转极	2		2DQJ 未转极
3		断路器断开	3		断路器断开
4		断相保护器故障	4		1DQJ 自闭电路开路
5		1DQJ 自闭电路开路	5		动作电流曲线有缺失
6		道岔转换时不解锁	6		道岔启动时不解锁
7		道岔转换中卡阻不能动作	7		道岔转换中卡阻不能动作
8		道岔密贴或锁闭时不能动作	8		道岔密贴或锁闭时不能动作
9		道岔断相报警	9		室外二极管支路断线
10		道岔卡缺口或表示电路未构通	10		室外二极管击穿、短路或者室内开路
11		表示继电器支路断线	11		电容短路
12		道岔断相保护器(BHJ)落下	12		电容断线
13		—	13		表示继电器支路断线
14	表示电路故障	室外二极管击穿、短路或者室内开路	14	表示电路故障	电容短路
15		室外二极管支路断线	15		电容断线
16		表示继电器支路断线	16		室外二极管击穿、短路或者室内开路
17		室外 X4 断线	17		表示继电器支路断线
18		室外 X5 断线	18		室外二极管支路断线
19		道岔瞬间断表示	19		道岔瞬间断表示
20		室外接点接触不良，过车时道岔跑表示	20		室外接点接触不良，过车时道岔跑表示
21		室内短路、开路或者室外短路	21		道岔无表示报警
22		道岔无表示报警	22		—

续表

提速道岔			普通道岔		
序号	报警类型	报警项目	序号	报警类型	报警项目
23	道岔动作异常(预警)	道岔动作 1DQJ 长时间不落下	23	道岔动作异常(预警)	道岔动作 1DQJ 长时间不落下
24		道岔锁闭时，相电流过高	24		道岔动作曲线波动
25		道岔动作曲线波动	25		道岔动作时间异常
26		道岔动作时间异常	26		道岔动作电流超标
27		道岔动作电流超标	27		道岔动作曲线异常
28		道岔动作曲线异常	28		道岔转换时解锁不畅
29		道岔转换时解锁不畅	29		道岔密贴或锁闭不畅
30		道岔密贴或锁闭不畅	30		道岔转换中动作不畅
31		道岔转换中动作不畅	31		—
32		道岔锁闭时，相电流过低	32		—
33		道岔动作功率曲线超限	33		—

第 3 章　道岔动作曲线

微机监测系统对道岔部分的监测主要是对道岔动作过程中动作电流的变化进行实时监测。通过对道岔动作电流曲线的观察、分析，可对道岔的电气特性、机械特性和时间特性进行判断，从中发现存在的问题，采取措施，可起到早期预防、消除隐患的作用。本章将详细介绍道岔动作曲线的分类及其表征的含义。

3.1　道岔动作曲线的分类

在进行分析时，应将道岔定向、反向的动作曲线对照参考曲线对比分析，了解道岔转换时的电气性能、机械性能，及时发现转换过程中的不良情况。

信号集中监测系统中直流转辙机道岔模拟量的采集主要有道岔动作电流采集和道岔表示电压采集，故道岔动作曲线主要分为三大类：道岔动作电流曲线、道岔动作功率曲线、道岔表示电压曲线。

道岔动作电流曲线主要分为直流转辙机道岔动作电流曲线和交流转辙机道岔动作电流曲线。

道岔动作功率曲线主要为交流转辙机道岔动作功率曲线，它是通过电动机动作时的电压和电流计算出来的。

道岔表示电压曲线主要分为直流转辙机道岔表示电压曲线和交流转辙机道岔表示电压曲线，通过信号集中监测对道岔在定位、反位时分线盘处的交流电压和直流电压进行采集，为了更好地分析道岔表示电路，需掌握道岔在规定位置时的交流电压、直流电压的正常值。道岔表示电压监测采集点为分线盘上表示线的端子。

3.2　直流转辙机道岔动作电流曲线

3.2.1　道岔动作电流采集原理

采集硬件使用的是某型号微机监测系统，采用 WB 系列穿芯感应式电流传感器，可监测 10A 以内各种波形的直流电流。这种传感器采用了线性双补偿霍尔原理，隔离彻底、响应快、耐冲击，0～100mA 电流源通过取样电阻输出 0～3V 标准电压。模块为开口模块，中间为穿线孔，模块外形如图 3.1 和图 3.2 所示。

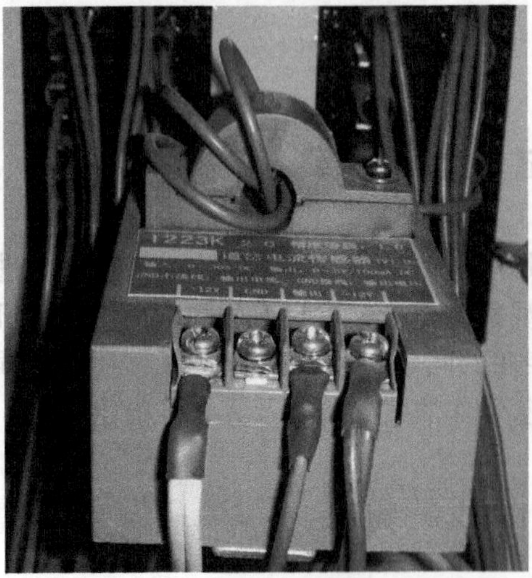

图 3.1　直流道岔采集模块实物图

图 3.2　直流道岔采集模块实物俯视图

道岔转换时才会有动作电流，要监测道岔电流就必须监测道岔转换的起止时间。道岔采集机是通过采集 1DQJ 的落下接点状态来监测道岔转换起止时间的，1DQJ 吸起、2DQJ 转极，室外道岔开始转换，转换完毕，1DQJ 落下。对道岔电流的测试由道岔采集机完成后，通过对道岔动作电流的实时监测，能直接测量出电动转辙机的启动电流、工作电流、故障电流和动作时间，并以此描绘出道岔动作电流曲线，通过对电流曲线的分析即可判断道岔转辙的电气特性、时间特性和机械特性。

3.2.2　单动道岔正常动作电流曲线分析

道岔动作电流曲线真实地记录了道岔整个动作过程，动作电流曲线上有四个重要的特征点，它们将道岔曲线分为三步，如图 2.17 所示。

第一步：道岔动作曲线开始记录(点 1 至点 2)。

点 1 为动作电流曲线记录开始点，1DQJ 为道岔是否动作的一个重要开关量。1DQJ 吸起时，监测系统开始对道岔动作电流曲线进行记录；1DQJ 落下后，结束对道岔动作电流曲线的记录。

在 1DQJ 吸起后，2DQJ 还未转极时，道岔启动电路未构通，记录电流为 0A，此时间较短，通常 1DQJ 吸起 0.2s 后 2DQJ 就正常转极，道岔开始启动，出现启动电流。

点 2 为道岔动作起始点，此时动作电流曲线由 0A 瞬间升至一个较大值(以下称为“启动峰值”)，说明 2DQJ 正常转极，且室外启动电路也正常，道岔启动电路顺利接通，此时道岔开始转换。

第二步：道岔动作(点 2 至点 3)。

道岔的整个动作过程可分为：解锁—转换—锁闭。直流电动转辙机为串激电动机，特点是电流越大，转矩越大，转速越慢；反之，电流越小，转矩越小，转速越快。在一定的范围内，直流电动转辙机具有电动机的转速与转矩能够随负荷的大小自动进行调整的“软特性”。

由图 2.17 中道岔解锁时段可以看出，电动机刚启动时，有一个很大的启动电流，同时产生较大的转矩，这时道岔进入解锁状态，动作齿轮锁闭圆弧在动作齿条削尖齿内滑动。当动作齿轮带动齿条块动作时，与动作齿条相连的动作杆在杆件内有 5mm 以上的空动距离，这时电动机的负载很小，电流迅速回落，道岔进入转换过程。

道岔转换时段过程中经过二级减速，带动道岔平稳转换，动作电流曲线平滑。若动作电流小，则表明转换阻力小；若动作电流大，则表明转换阻力大；若动作电流波动，则表明道岔存在电气或机械方面的问题。

道岔锁闭过程为道岔尖轨被带动到另一侧，尖轨与基本轨密贴，动作齿轮锁闭圆弧在动作齿条削尖齿内滑动，锁闭道岔，自动开闭器动接点转换，切断动作电流，此时动作电流曲线尾部略有上升回零。

第三步：道岔动作电流曲线记录结束(点 3 至点 4)。

点 3 为道岔动作结束点，此时道岔锁闭，自动开闭器动接点转换，切断启动电路，动作电流降为 0A。1DQJ 为缓放型继电器，此时 1DQJ 并未立即落下，因此道岔动作电流曲线的记录还在继续。

点 4 为动作电流曲线记录结束点，此时 1DQJ 经过缓放后落下，1DQJ 缓放的时间即点 3 至点 4 的时间，按照规定，JWJXC-H125/0.44 型继电器缓放时间不小于 0.45s。1DQJ 落下后，监测系统停止对道岔动作电流曲线的记录。

3.3　交流转辙机道岔动作电流曲线

信号集中监测系统记录的道岔动作电流曲线能反映道岔在转换过程中道岔控制电路工作状态、转辙机运用状态，通过对道岔动作曲线的分析，能了解道岔在转换过程中的运用质量，还能在故障时进行辅助判断，指导现场有针对性地进行故障处理。

与直流转辙机不同，交流转辙机道岔控制电路是根据转辙机数量设置的。单机道岔设置一套道岔控制电路，多机牵引道岔每台电动机各设置一套道岔控制电路。

3.3.1　道岔电流采集原理

在交流道岔采集模块中，对于三相交流道岔的监测，采用专用的电流功率传感器，传感器采集电动机动作时的电压和电流，计算出功率，然后将电流及功率信息转换为 4～20mA 的电流信号输出，经采集板 150Ω 取样电阻后转换成 0～3V 的电压信号，经选通送至中央处理器(central processing unit，CPU)进行 A/D 转换。将转换后的数据(功率曲线和电流曲线)暂存在存储器里，当采集完成一条完整的曲线后(以 1DQJ 的动作时间为准，单条曲线最长可采集 40s)，主动将一条完整的道岔动作电流曲线数据送往站机处理，模块实物外形如图 3.3 与图 3.4 所示。

图 3.3　交流道岔采集模块实物图

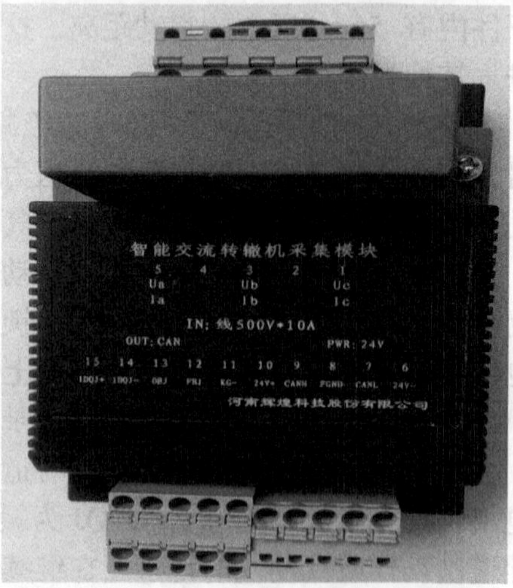

图 3.4　交流道岔采集模块实物俯视图

3.3.2　交流转辙机道岔正常动作电流曲线分析

如图 3.5 所示，三相交流转辙机动作过程主要分为以下几步。

(1) 1DQJ 吸起：1DQJ 吸起后，道岔动作曲线开始记录。

(2) 2DQJ 转极：在 2DQJ 转极时，动作电流曲线出现一个较大峰值(为表述方便，本书将道岔开始动作时产生的瞬间大电流称为“启动电流”)，说明道岔启动电路已接通，道岔开始动作。

(3) 道岔动作：道岔动作过程分为解锁、转换、锁闭三步，解锁与转换的分界点以斥离尖轨开始动作为准，锁闭时以斥离尖轨密贴到位为准。

(4) 启动电路断开：道岔转换完毕，自动开闭器接点转换，断开启动电路，使 BHJ 落下，1DQJ 自闭电路断开进入缓放状态，在缓放时间内，启动电路仍有两相小电流存在，称为“小尾巴”。

(5) 1DQJ 落下：1DQJ 经过缓放后落下，停止记录道岔动作曲线。

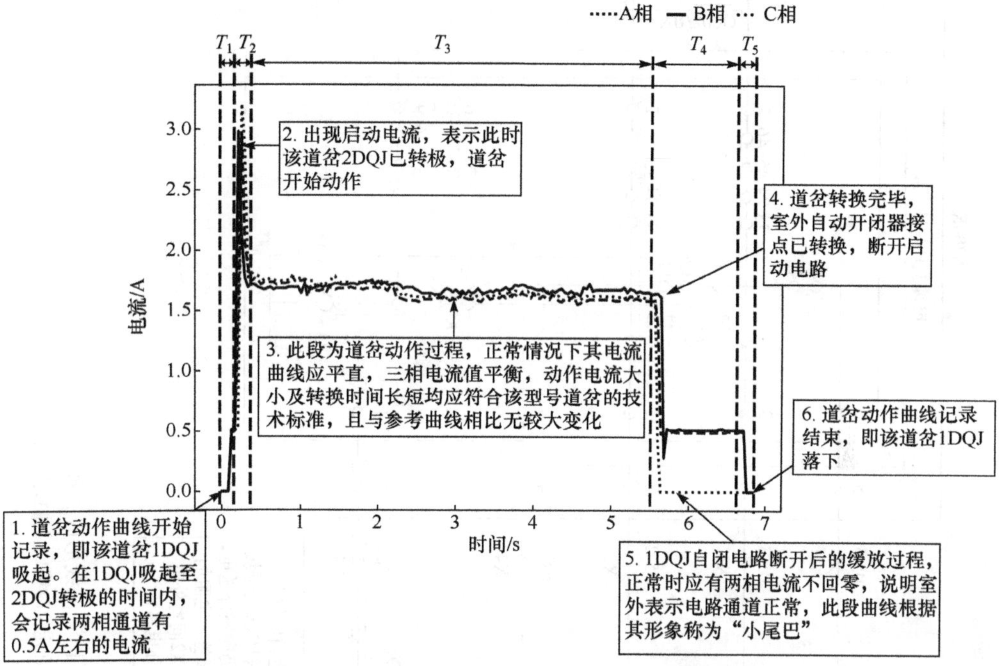

图 3.5　S700K 型道岔正常动作电流曲线

3.3.3　道岔动作曲线“小尾巴”的形成原理

道岔正常转换时通过室内 1DQJ、1DQJF、2DQJ 的接点接通室外启动电路，当道岔转换到位后，自动开闭器接点切断道岔启动电路，断相保护器(DBQ)不再有平衡的三相电流通过使 BHJ 落下，断开 1DQJ 自闭电路。在 1DQJ 缓放的过程中，启动电路中仍有两相小电流存在，这是由于道岔转换到位后，380V 三相交流电源通过室内的 1DQJ、1DQJF 前接点和室外自动开闭器接点构通回路，产生两相小电流。两相小电流的时间长短取决于 1DQJ 的缓放时间，电流的数值取决于表示回路中阻抗的大小，一般为 0.4～0.6A。“小尾巴”形成的电流回路如图 3.6 所示。

因此，道岔动作曲线中的“小尾巴”能反映出表示通道的状态：反位向定位扳动时，动作曲线后的“小尾巴”说明 X1、X2 间室外表示通道(含二极管及电阻)正常构通；定位向反位扳动时，动作曲线后的“小尾巴”说明 X1、X3 间室外表示通道(含二极管及电阻)正常构通。每次扳动时道岔“小尾巴”的数值应保持稳定，“小尾巴”电流发生变化通常说明室外二极管及电阻的阻抗发生了变化。

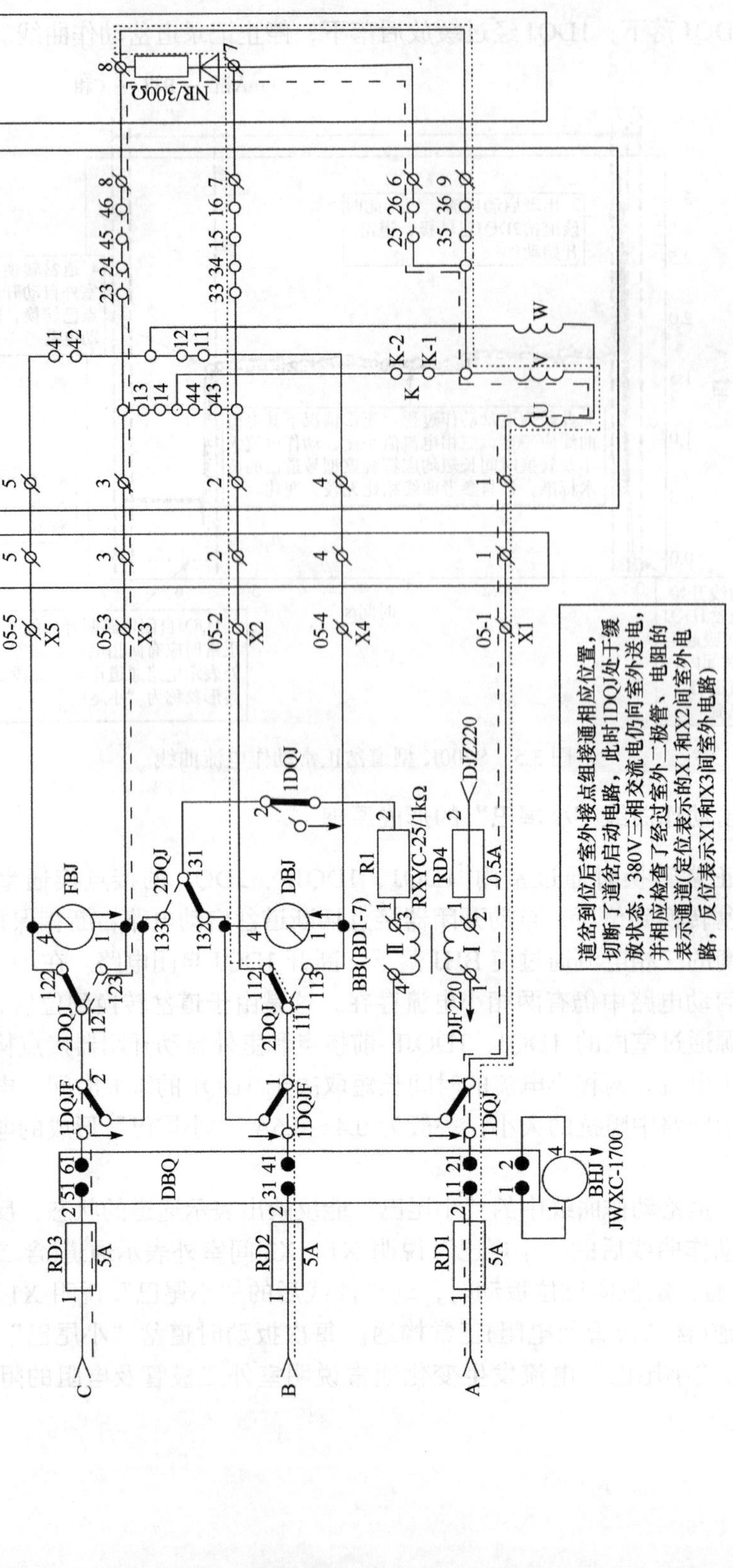

— — 定位向反位扳动时"小尾巴"电流检查X1和X3间的表示电路通道

······ 反位向定位扳动时"小尾巴"电流检查X1和X2间的表示电路通道

图3.6 "小尾巴"曲线形成原理

说明：此图为转辙机在定位时第1、3排接点闭合

3.3.4　ZYJ7 型道岔正常动作曲线分析

ZYJ7 型道岔与 S700K 型道岔动作曲线的形成过程基本相同，经历了“1DQJ 励磁→2DQJ 转极→道岔转换→转换到位→1DQJ 缓放落下”的过程，两者之间有几个不同点。

(1) 动作电流不同。《铁路信号维护规则》要求：S700K 型电动转辙机的工作电流不大于 2A；ZYJ7 型电液转辙机的工作电流不大于 1.8A。实际运用中，ZYJ7 型电液转辙机动作电流在 1.3A 左右，S700K 型电动转辙机动作电流为 1.5～2A。

(2) 动作时间不同。S700K 型道岔动作时间一般在 5～6s；ZYJ7 双机(带 1 个 SH6)动作时间一般在 8s 左右；ZYJ7 三机(带 2 个 SH6)动作时间一般在 11s 左右。

(3) ZYJ7 型道岔设置有同步电路。S700K 型道岔动曲线整体较平滑，而 ZYJ7 型道岔在双机不同步、主机先于 SH6 转换锁闭器到位时，在同步电路转接的过程中，道岔启动电路有可能会出现瞬间断开的现象，道岔动作曲线也会记录一次瞬间小幅突变。

3.4　道岔动作功率曲线

交流转辙机功率反映道岔尖轨推拉力的大小，而拉力值反映转辙机的运行状态，所以通过分析微机监测系统采集到的对应道岔的动作功率曲线可准确判断转辙机的运行状态。在日常分析中，道岔动作功率曲线能够反映道岔在转换过程中的受力情况和道岔机械性能，指导现场有针对性地进行维修。

3.4.1　道岔动作功率曲线采样原理

交流转辙机三相电压采集配线位置在断相保护器(DBQ)前级端子 11、31、51 点上，三相电流采集配线位置为 DBQ 输出与 1DQJ(1DQF)接点之间，如图 3.7 所示。转辙机动作功率监测采用电流功率传感器，采集电动机动作时的电压和电流，计算出功率。

当 1DQJ 动作时，会产生开关量状态的变化，开关量变化启动互感器采集电动机动作时的电压和电流，在互感器内部进行隔离转换，每 40ms 计算出有功功率，并顺次记录下来。等待动作结束(以 1DQJ 落下为标志，单条曲线记录最长可采集 40s)，以总线通信方式将有功功率曲线(每 40ms 一个点)送往站机进行显示及处理。

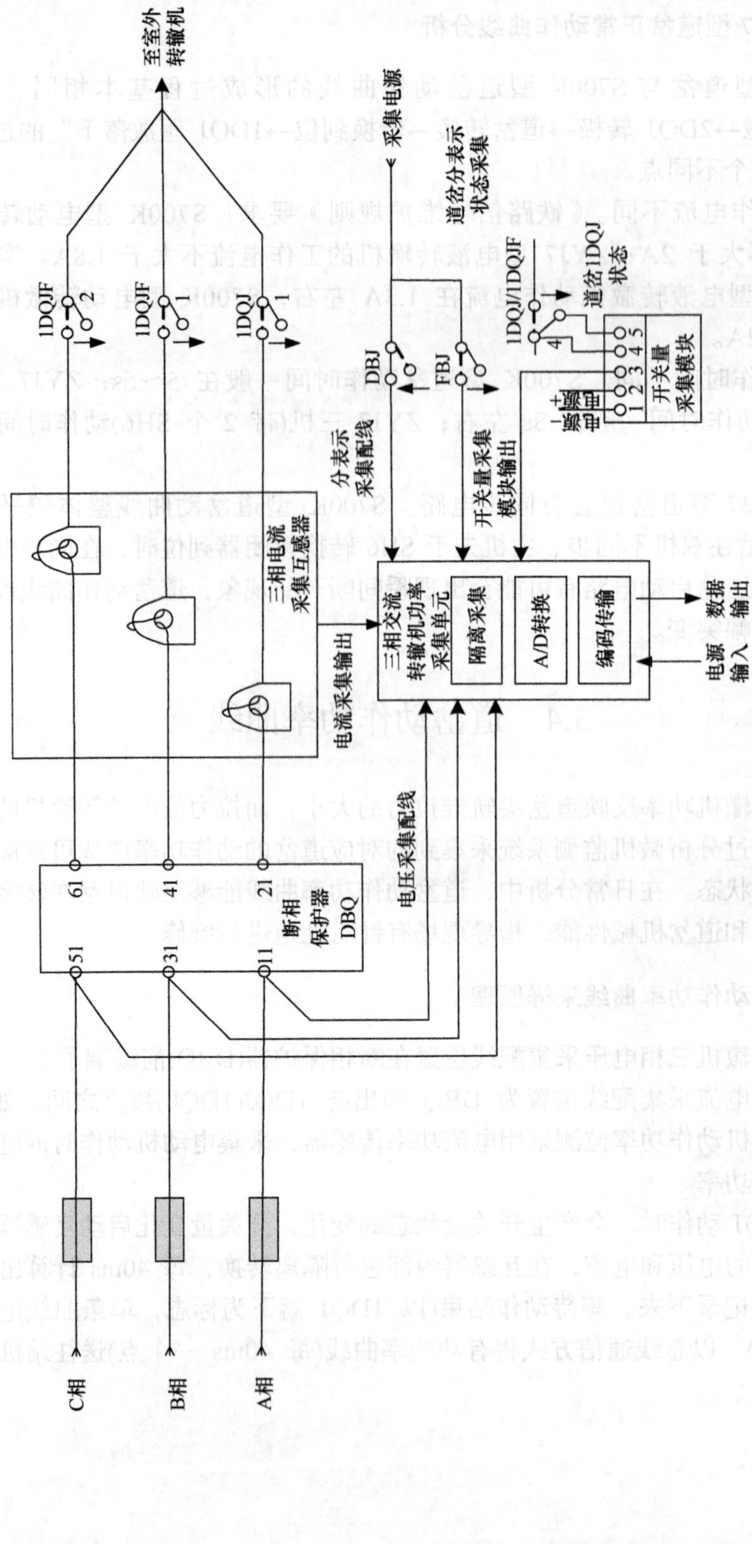

图3.7 交流转辙机动作功率曲线采样原理

3.4.2　道岔动作功率曲线分析

交流转辙机道岔动作功率曲线是依据电动机动作时的电压和电流计算出来的，转辙机动作功率监测采用电流功率传感器，通过采集电动机动作时的电压和电流从而计算出功率。正常动作功率曲线基本保持平直，在转换过程中受机械性能、外部环境和受力情况的影响，道岔动作功率曲线会有小幅波动。

三相交流转辙机动作过程主要分为以下几步。

(1) 1DJQ 吸起：1DJQ 吸起后，道岔动作功率曲线开始记录。

(2) 2DJQ 转极：在 2DJQ 转极时，道岔功率将出现一个较大峰值，说明道岔启动电路已接通，道岔开始动作。

(3) 道岔动作：道岔动作过程分为解锁、转换、锁闭三步，在道岔动作过程中，电动机输出一个较为稳定的功率。

(4) 启动电路断开：道岔转换完毕，自动开闭器接点转换，断开启动电路，使 BHJ 落下，1DQJ 自闭电路也断开，进入缓放时间。

(5) 1DQJ 落下：1DQJ 经过缓放后落下，停止记录道岔动作功率曲线。

3.4.3　S700K 型电动转辙机道岔动作功率曲线分析

通过功率曲线可查看道岔在转换过程中的受力情况和对道岔机械性能进行分析判断。下面以 S700K 型电动转辙机道岔动作功率曲线为例，分析可能出现的故障模式。

S700K 型电动转辙机正常动作功率曲线如图 3.8 所示。由图可以看出，功率在 0.15s 左右上升并很快达到最大值，此段为转辙机启动阶段，之后随着设备的运行其输出功率急剧下降并趋于稳定，转辙机动作杆带动道岔尖轨进行解锁和转换，待道岔转换完毕，转辙机的输出功率出现一定幅度的下降，但不会降为零，最后随着道岔位置的给出，相应电路被断开，功率降为零。将 S700K 型电动转辙

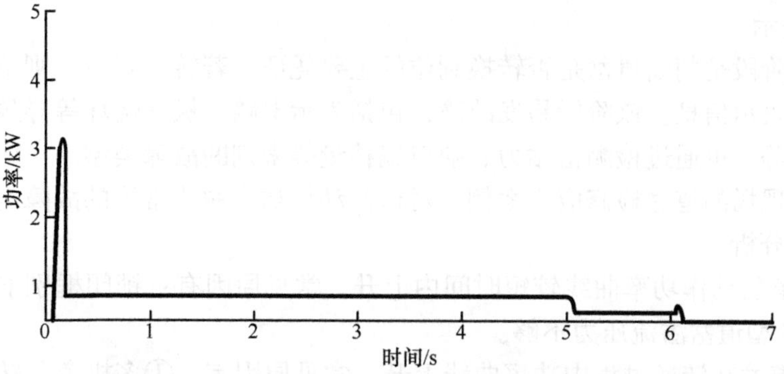

图 3.8　S700K 型电动转辙机正常动作功率曲线

机完成一次转换的过程分为五个阶段，分别为启动、解锁、转换、锁闭和表示，每一阶段的性能参数不同，故障表现也不同。

1) 启动

该阶段电动机开始转动。在刚启动时，需要较大的功率使得功率曲线急剧上升。此阶段易发故障主要有齿轮组卡阻或受损、摩擦联结器打滑、轴套与滚珠丝杠脱离引起的启动受阻，其监测数据主要表现为电流动作曲线相电流缺失或电流及功率维持在较高的值后迅速降为零。

2) 解锁

启动之后电动机驱动外锁闭装置开始解锁。该阶段故障主要表现为解锁不平顺或者不能解锁，同时转换阻力增大，监测数据表现为电流和功率增大，主要原因有机械卡阻、外锁闭框的不方正影响锁钩正常落下、锁钩的锁闭面与锁闭铁的锁闭面接触面积发生变化、锁闭拉板在锁闭框中别卡、锁舌卡阻、尖轨和基本轨爬行导致尖轨和基本轨的相对位置及转换参数变化。

3) 转换

转换指的是动作杆带动尖轨或心轨移动的过程，转换不到位时，电流、电压及功率会发生异常变化，且转换力等参数也可能发生变化。故障原因主要有滑床板缺油、空吊或不平整、尖轨与滑床板之间有异物、基本轨与尖轨之间有异物、基本轨与尖轨的爬行量超限、锁钩太紧、锁闭杆安装螺丝松动、轨距发生变化等。

4) 锁闭

转换到位后，需要通过密贴力将基本轨与尖轨或心轨与翼轨固定并锁闭，常见故障有不锁闭、密贴不良、4mm 锁闭等。这些故障主要是由基本轨与尖轨、心轨与翼轨的形状或相对位置的改变，或螺栓连接件的松动及锁闭铁与锁闭钩相对位置的偏移等导致，通过监测锁闭阶段的转换力、功率曲线及电流的大小判断故障类型。

5) 表示

表示阶段是判断道岔是否转换到位的主要凭证，若转换到位，则给出道岔位置状态的表示信息。该阶段易发故障，包括表示电路二极管烧坏等导致的表示电路不构通等，可通过检测密贴力、缺口偏移量等来判断故障类型。

根据现场的道岔检修应用案例，对道岔动作功率曲线常见的故障类型及故障原因进行分析。

(1) 道岔动作功率曲线较短时间内上升，常见原因有：锁闭框别卡、锁钩缺油、ZYJ7 型道岔溢流压力不够。

(2) 道岔在转换过程中功率曲线上升，常见原因有：①多机道岔转换时一机不解锁，导致本机转换受阻；②道岔机械部分卡阻、缺油；③工务滑板床有凹槽或滑床板缺油；④工务部件松脱卡阻。

(3) 道岔动作功率曲线上升时间点和正常转化时间相同，常见原因有：①S700K 型道岔卡缺口；②道岔机械部分卡阻、缺油；③防尘罩错位卡阻；④道岔调整压力大；⑤道岔锁闭框别卡。

(4) 道岔转换过程中功率曲线大幅波动，常见原因是滑床板有断裂、撒沙、缺油、固定部件松动等现象。

(5) 道岔接近锁闭时曲线瞬间突变至零，可能原因是转辙机自动开闭器接点接触不良。

(6) 道岔转换时间延长，常见原因有：①道岔油缸缺油，溢流阀溢流压力不足；②尖轨与基本轨夹异物。

(7) 道岔动作完毕后“小尾巴”过长，常见原因是断相保护器特性不良。

第 4 章 道岔故障模式及故障曲线仿真

道岔型号多种多样，故障机理和故障现象各不相同，故障模式也有多种分类方法。本章介绍常见的故障分类，并结合电动机仿真技术实现典型的故障曲线仿真。

4.1 道岔故障分类

道岔动作电流曲线是反映道岔运用质量的一个重要指标。在对日常微机监测数据调看时，应对每组道岔的动作电流曲线详细调看，通过与参考曲线进行对比分析，可以随时掌握道岔的电气特性、时间特性和机械特性，及时发现道岔转换过程中存在的不良状态，这些工作对预防故障发生和消除不良隐患有不可替代的作用。

道岔故障主要分为电路故障、检修不良、工务病害和材质不良等，不同类型道岔的故障也有所不同。

ZD6 型道岔主要故障有机械不解锁、自动开闭器动作不灵活、电动机电路断线、卡缺口等。

S700K 型提速道岔主要故障有卡缺口、机械不解锁、转换时遇阻、表示电路断线、室外电路断相、断相保护器插接不良、尖轨翘头等。

ZYJ7 型液压道岔主要故障有卡缺口、转换时遇阻、道岔不锁闭、启动油缸柱塞不良、断相保护器插接不良、1DQJ 不良、续动电路接点接触不良、油管漏油、插接器至电动机之间配线断线等。

ZDJ9 型道岔主要故障有道岔卡缺口、表示电路未构通、室外道岔不解锁、单机牵引或多机牵引的第一牵引点道岔室内 1DQJ 不吸起、QDJ 不吸起、道岔表示电压波动、道岔表示电路室外 X1 开路等。

4.2 道岔常见故障分析

道岔是重要的信号基础设备，其健康状态直接影响铁路列车的运行安全。因此，利用微机监测系统对 S700K 型道岔进行实时监测是非常重要的。微机监测系统所记录的道岔动作电流曲线能够反映道岔在转换过程中转辙机的状态，通过对道岔动作电流曲线的分析，能够实时了解道岔的状态并分析道岔的故障。S700K 型电动转辙机中的电动机采用三相交流电动机，在道岔动作电流曲线中用三种线分别代表交流 380V 电源中的 A、B、C 三相电源。

本节以 S700K 型电动转辙机为例，分析六种常见的道岔故障及其电流曲线。

1. 电流突增

如图 4.1 所示，1DQJ 已励磁，2DQJ 已转极，道岔解锁后，在转换的过程中，道岔电流显著增大后恢复，之后道岔转换完毕，1DQJ 缓放后落下，停止记录道岔动作电流曲线。道岔正常转换时，电流较为稳定，即使出现尖轨夹有异物或道岔不解锁等外部阻力使转辙机中的电动机空转现象，道岔的动作电流也只轻微变化，不会明显升高。由曲线可知，道岔动作初期正常，中间电流突增的原因通常为转辙机卡阻或电动机不良。

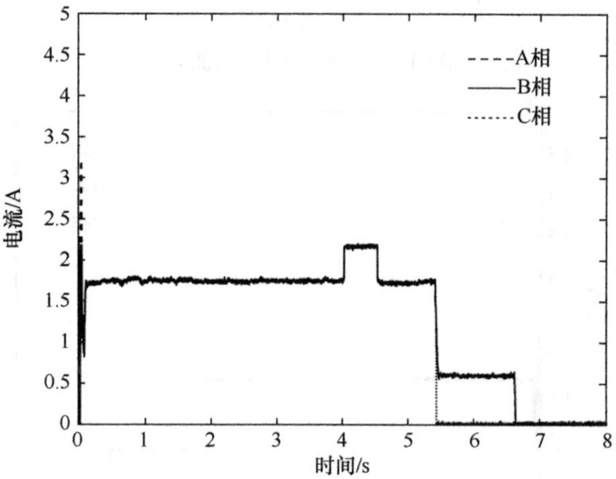

图 4.1　电流突增曲线

2. 转换时间增长

如图 4.2 所示，1DQJ 已励磁，2DQJ 已转极，道岔完成了解锁、转换、锁闭的动作过程，并且 1DQJ 经过缓放后落下。由曲线可知，此曲线的道岔动作时间比参考曲线时间延长了 1s，即在解锁、转换、锁闭的动作过程中比标准曲线的时间长 1s。道岔动作时间延长的原因可能是道岔动作时阻力较大或转换力偏小，若道岔转换的时间长达 13s，但仍然未转换到位，则 1DQJ 自闭电路会被断开，并且切断转辙机电源向外输出，避免转辙机中的电动机受损。

3. “小尾巴”数值超标

如图 4.3 所示，道岔到位后“小尾巴”的电流为 0.9A，但其一般为 0.5A 左右。道岔转换到位后，室内向室外输送的电压为三相交流转辙机电压 380V，室外

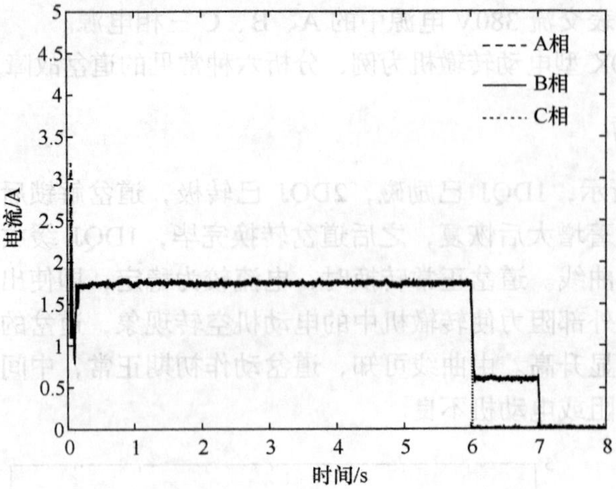

图 4.2　转换时间增长曲线

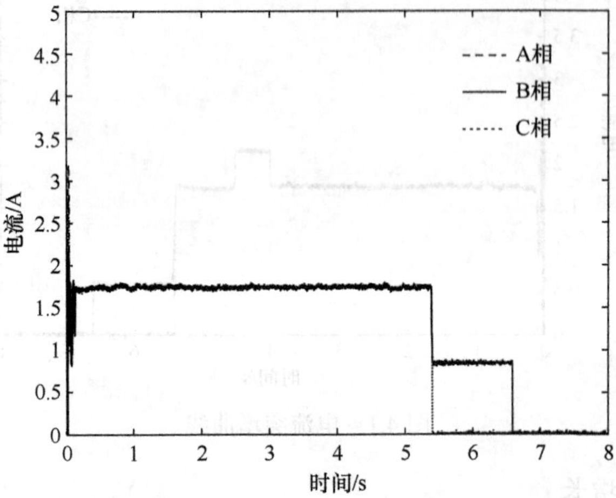

图 4.3　“小尾巴”数值超标曲线

的负载为表示回路的电阻。“小尾巴”电流变化的原因可能是表示电流通道有异常，使得回路中的电阻发生变化，通常是室外道岔表示整流匣不良。

4. 两相小电流

如图 4.4 所示，此电流曲线的形状与道岔正常动作电流曲线中的“小尾巴”相似。道岔动作初期，电流曲线开始记录，说明 1DQJ 已吸起，但 2DQJ 未转极，记录的两相电流为 0.5A 左右，故此电流不是启动电流。2DQJ 未转极，使得 1DQJ 不能自闭，在励磁电路断开之后，停止记录道岔动作电流曲线。道岔电流只记录两相小电流的原因可能是 2DQJ 励磁电路不良或者 2DQJ 继电器特性不良。

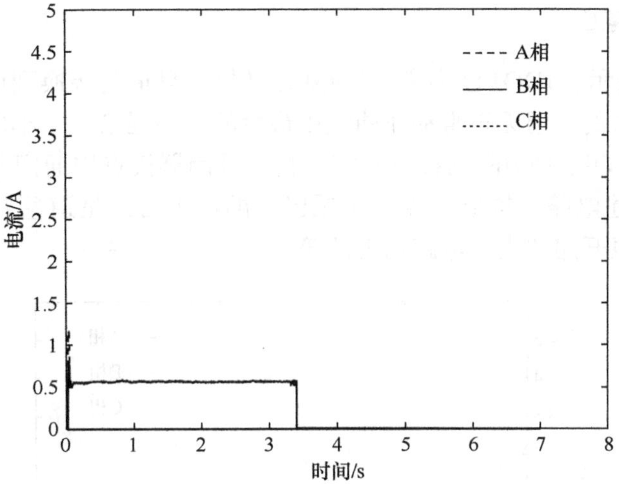

图 4.4 两相小电流曲线

5. “小尾巴”过长

如图 4.5 所示，1DQJ 已励磁，2DQJ 已转极，且道岔已完成转换，但“小尾巴”的电流持续时间过长，将近 8s，道岔动作电流曲线记录了 13s，说明道岔完成转换后，1DQJ 的自闭电路未断开，直到 13s 落下，结束记录，而一般“小尾巴”持续 1s 左右。道岔到位后，断开启动电路，断相保护器中无交流电流流过，使得断相保护器落下，断开 1DQJ 自闭电路。“小尾巴”电流的持续时间取决于 1DQJ 的缓放时间，“小尾巴”过长的原因通常为断相保护器(DBQ)特性不良。

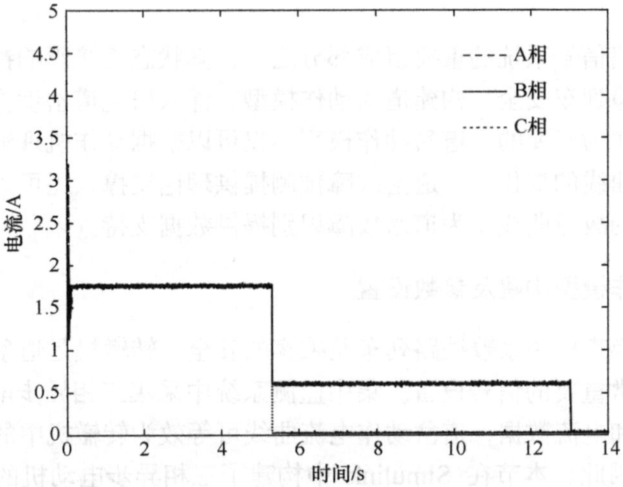

图 4.5 “小尾巴”电流持续时间过长曲线

6. 无“小尾巴”

如图 4.6 所示，1DQJ 已励磁，2DQJ 已转极，且道岔转换到位，转换时间及动作电流是正常的，但无正常动作曲线中最后的“小尾巴”。“小尾巴”产生的原因是室内的 1DQJ、DQJF 前接点和室外自动开闭器接点构通回路，没有“小尾巴”则说明上述电路未构通。无“小尾巴”的原因可能是道岔密贴检查器卡缺口、表示整流匣开路或表示电路通道故障。

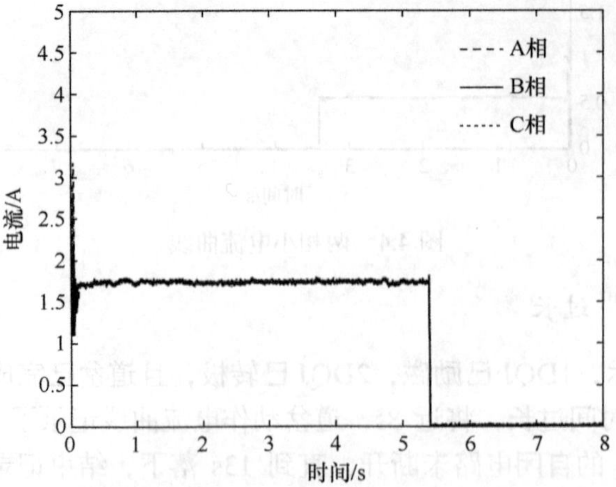

图 4.6　无“小尾巴”曲线

4.3　道岔动作曲线仿真

道岔是铁路信号系统的重要组成部分之一，其状态直接影响铁路运输的安全和效率。为保障列车安全，构建道岔动作模型、深入研究道岔动作机理、分析道岔动作过程是尤为必要的。道岔动作模型不仅可以根据动作机理解析长期动作时道岔动作电流曲线的变化，为道岔故障预测提供理论支撑，还可以根据道岔故障原因模拟大量的故障曲线，为道岔故障识别提供数据支持。

4.3.1　道岔动作模型构建及参数设置

道岔的转换直接关系着铁路列车及乘客的安全，转辙机是道岔的转换设备，故转辙机是非常重要的信号设备。集中监测系统中采集三相异步电动机 A、B、C 三相的电压和电流数据，道岔动作电流曲线可等效为转辙机中的三相异步电动机电流曲线。因此，本节在 Simulink 中构建了三相异步电动机的模型，通过设置参数可以仿真不同情况下的道岔动作电流曲线。以 S700K 型电动转辙机为例，主要有以下参数：

(1) 三相电动机的额定电压为 380V，额定功率为 0.4kW；

(2) 转换力为 6000N；

(3) 动作时间≤6.6s；

(4) 动作电流≤2A；

(5) 动程 220mm。

利用三相异步电动机构建的道岔动作模型如图 4.7 所示。在 MATLAB 工作区中将负载转矩曲线加载到三相异步电动机中。仿真开始后，三相电压源开始供电，三相断路器开启后，三相异步电动机开始转动，示波器 1(Scope1)中可观测到 RMS(均方根)模块计算的三相定子电流有效值，示波器 2(Scope2)中可查看负载转矩曲线，示波器 3(Scope3)中可观测到转子电流、转速、机械转矩曲线。到达指定时间后，三相断路器关闭，三相异步电动机断开电源，停止工作。仿真模型中的三相异步电动机使用 Simulink 中的默认参数，与实际 S700K 型电动转辙机中电动机内部的参数有差异，所得电流也略大于道岔动作电流，故在示波器前加入增益模块，使原本的电流乘以系数得到准确的道岔动作电流。经实验，此增益设置为 0.03 时，效果最佳。

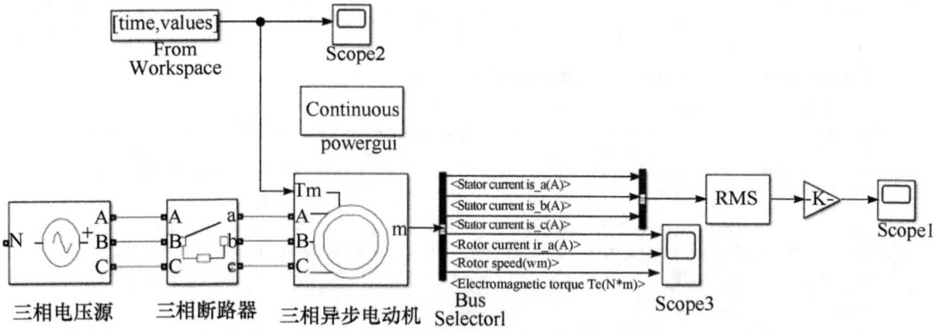

图 4.7　道岔动作模型

道岔动作模型主要包括三相电压源、三相断路器、三相异步电动机、RMS 模块等，各模块的作用及参数设置如下。

三相电压源模块如图 4.8 所示，可生成有时变参数的三相正弦电压，可对电压源基本分量的振幅、相位或频率进行时间变化编程，还可对基本信号进行编程和叠加，为电动机稳定供电。本模型中三相电压源的相关参数设置如图 4.9 所示，三相电压源中的电压幅值(Amplitude)为 380V，相位(Phase)为 0°，频率(Freq.)为 50Hz，电压不随时间变化，无谐波生成(Harmonic generation)，发电机类型为 swing。

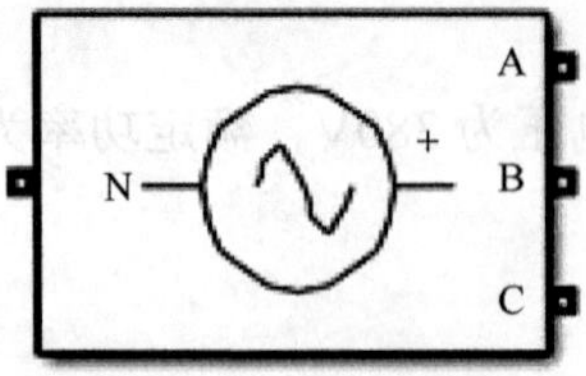

图 4.8　三相电压源模块

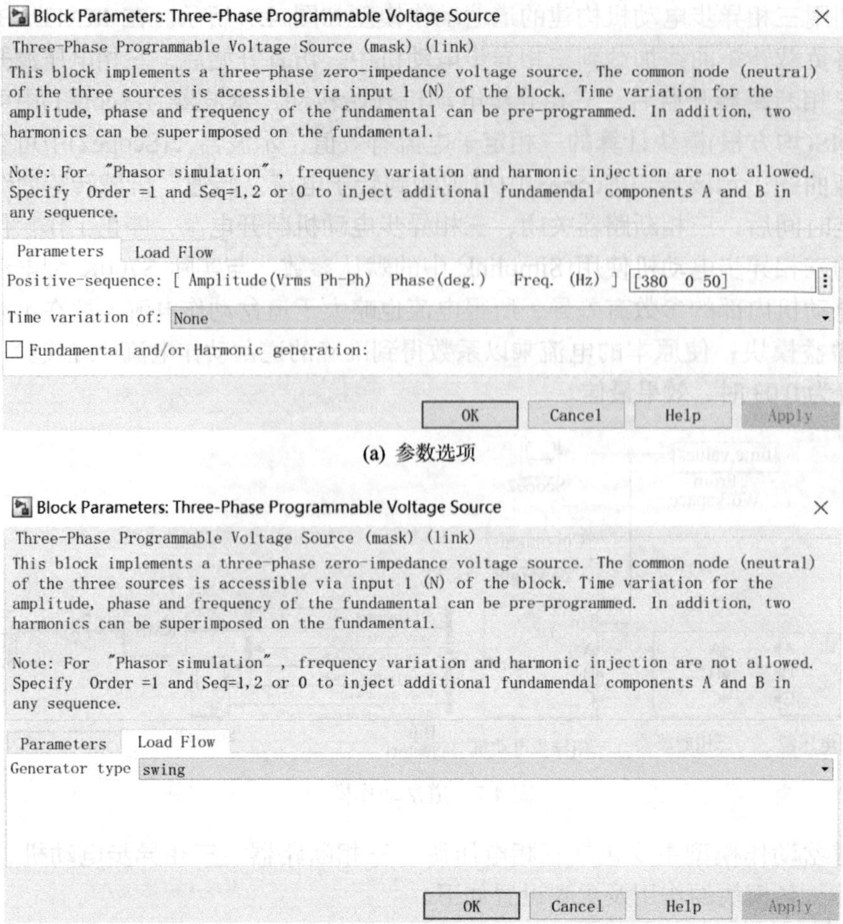

(a) 参数选项

(b) 加载流选项

图 4.9　三相电压源相关参数

三相断路器模块如图 4.10 所示，开启时间和关闭时间可以由外部 Simulink 控制或内部控制计时器控制，即控制三相电压源与三相异步电动机模块的连接。本模型中的三相断路器相关参数设置如图 4.11 所示，三相断路器中的初始状态(Initial status)为 open；A、B、C 相均切换(Switching)；频率为 50Hz，故切换开启时间为 1/60s，即 0.02s 时开关打开，三相电压源与三相异步电动机相连，切换关闭时间为 396/60s，即 6.6s 时关闭开关；内部电阻(Breaker resistance)为 0.01Ω；缓冲电阻(Snubber resistance)为 10^5Ω；缓冲电容(Snubber capacitance)选择 inf；不测量断路器端子上的相关参数。三相断路器开关关闭的时间应为道岔动作时 1DQJ 落下的时间，即 5.4s 左右，但模型中无法模拟道岔的其他电路结构，不能在 1DQJ 落下后构通形成“小尾巴”。因此，延长三相断路器开关关闭时间，以模拟出道岔动作电流曲线缓释阶段的“小尾巴”。

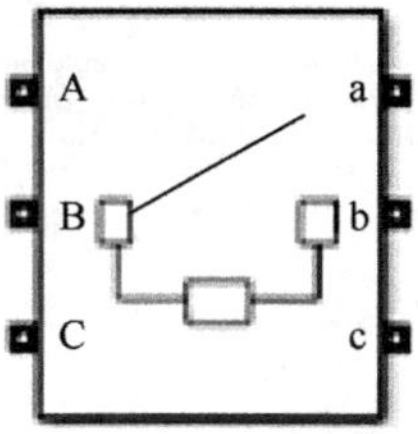

图 4.10　三相断路器模块

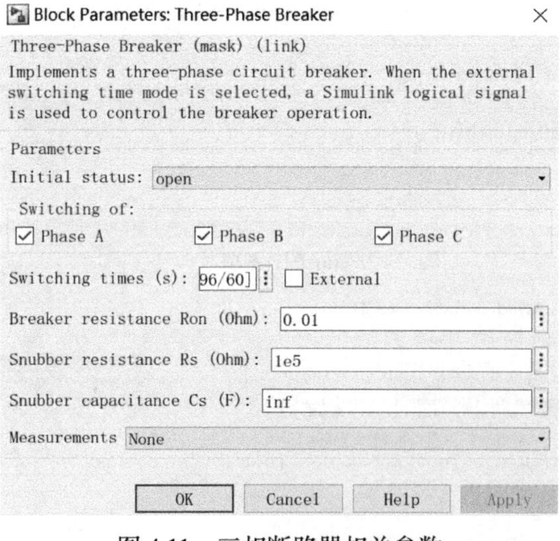

图 4.11　三相断路器相关参数

三相异步电动机模块如图 4.12 所示，可在发电机或电动机模式下运行，用来模拟 S700K 型电动转辙机中的电动机运动。本模型中的三相异步电动机的相关参数如图 4.13 所示，三相异步电动机的转子为鼠笼型(Squirrel-cage)；不使用鼠笼式预设模型(Squirrel-cage preset model)及双鼠笼式预设模型(Double squirrel-cage preset model)；机械输入为转矩(Torque)；参考框架为转子(Rotor)；不使用名称来标识总线标签(Use signal names to identify bus labels)；额定功率(Nominal power)为 400W，线电压(voltage(line-line))为 380V，频率(frequency)为 50Hz；定子

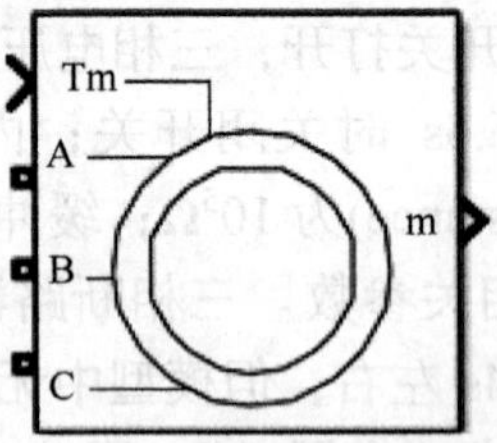

图 4.12　三相异步电动机模块

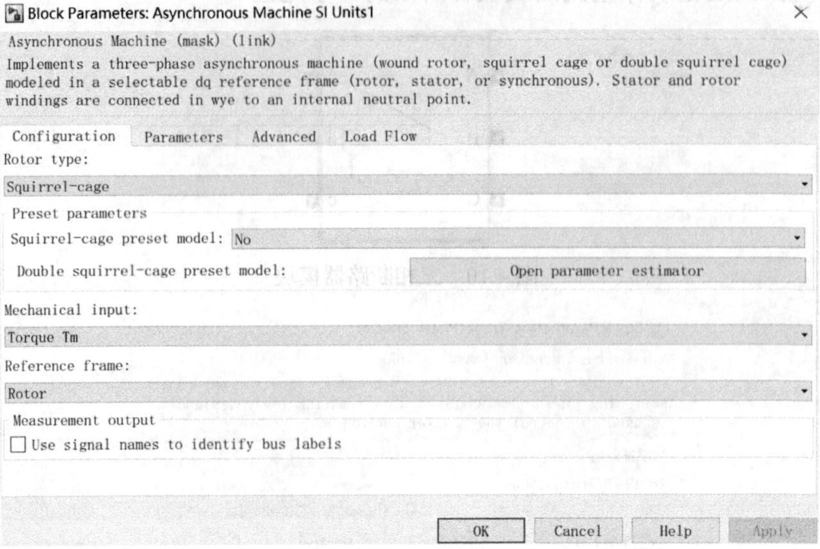

(a) 配置选项

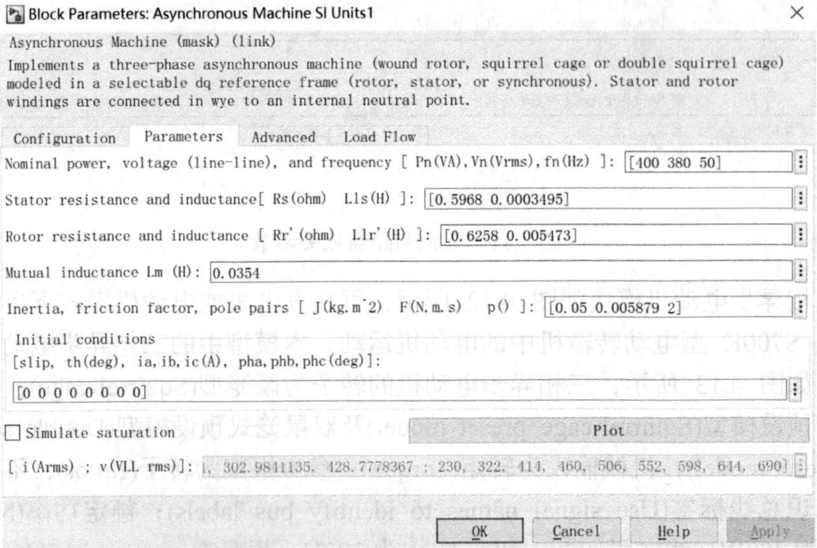

(b) 参数选项

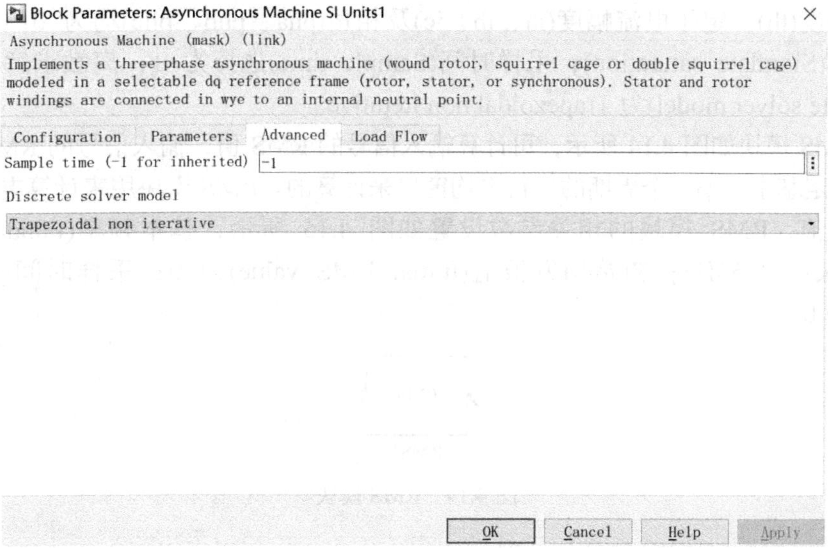

(c) 高级选项

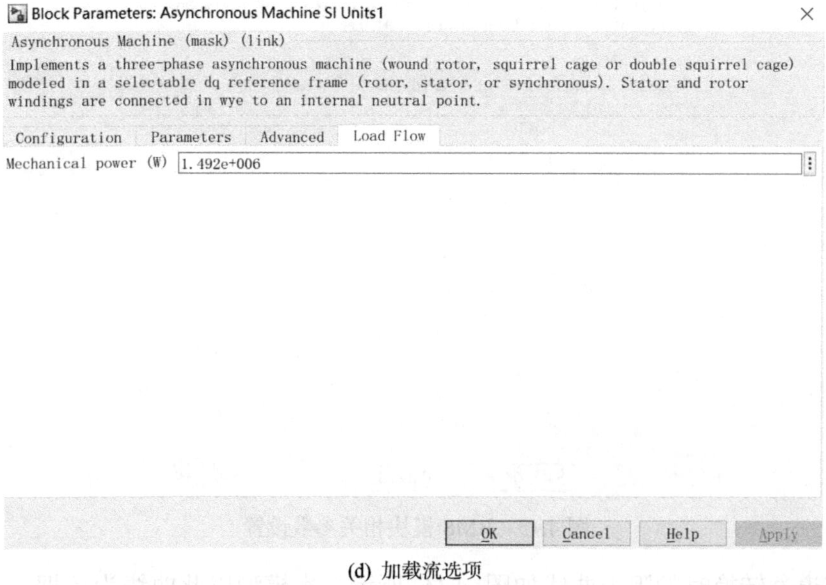

(d) 加载流选项

图 4.13　三相异步电动机相关参数

电阻(Stator resistance)为 0.5968Ω，定子电感(Stator inductance)为 0.0003495H；转子电阻(Rotor resistance)为 0.6258Ω，转子电感(Rotor inductance)为 0.005473H；互感(Mutual inductance)为 0.0354H；惯性常数(Inertia)为 0.05kg·m^2，摩擦系数(friction factor)为 0.005879N·m·s，极对数(pole pairs)为 2；初始滑移(Initial slip)、

电气角度(th)、定子电流幅度(ia、ib、ic)及相角(pha、phb、phc)均为 0；不模拟饱和度(Simulate saturation)；采样时间(Sample time)选择为−1；离散求解器模型(Discrete solver model)为 Trapezoidal non iterative。

RMS 模块如图 4.14 所示，可计算输入信号的 RMS 值，输入信号的 RMS 值是通过指定基本频率一个周期的运行平均窗口来计算的。RMS 模块用来计算电流信号的有效值，RMS 模块的相关参数设置如图 4.15 所示，基本频率(Fundamental frequency)为 50Hz；初始均方根值(Initial RMS value)为 0；采样时间(Sample time)为 0。

图 4.14　RMS 模块

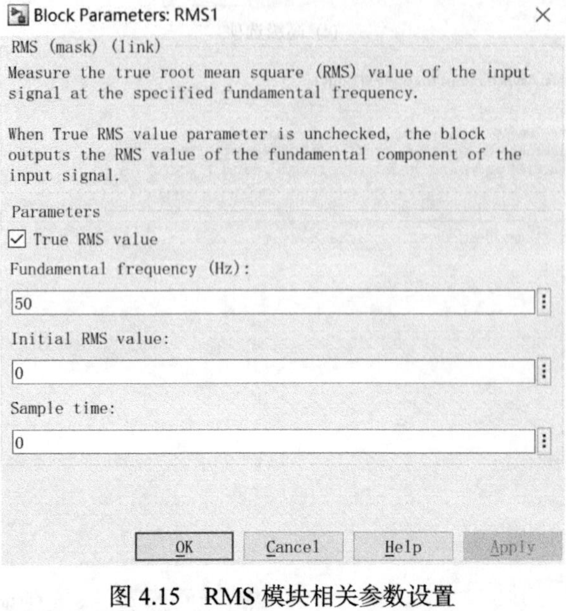

图 4.15　RMS 模块相关参数设置

某道岔转换时的阻力曲线如图 4.16 所示，本模型以此曲线为依据，等比例绘制道岔各种状态下的阻力曲线。以动程为 220mm 的 S700K 型电动转辙机为例，计算电动机的负载转矩曲线。利用如图 4.17 所示的 From Workspace 模块，从 MATLAB 工作区读取负载转矩曲线并输出到三相异步电动机中，可模拟道岔转换时带载转换的过程。From Workspace 模块相关参数设置如图 4.18 所示，获取数据为 time 和 values，time 为转矩变化时的时间，values 为加载的转矩；输出数据类型(Output data type)为 double；采样时间(Sample time)为 0；使用插值

(Interpolate data)及过零检测(Enable zero-crossing detection)。

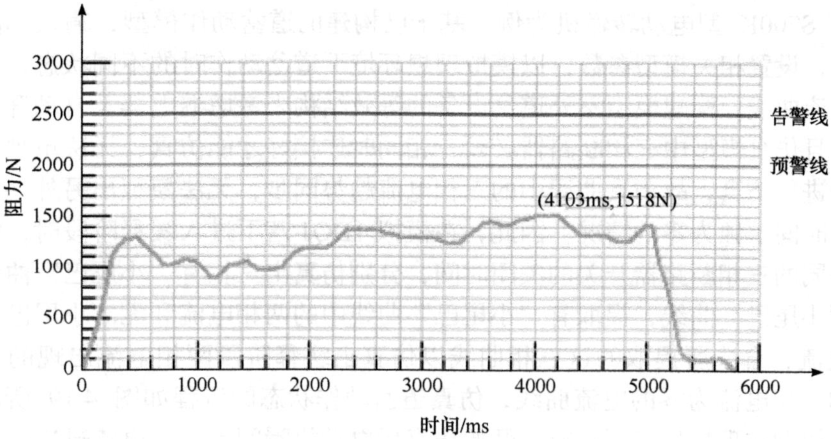

图 4.16　阻力曲线

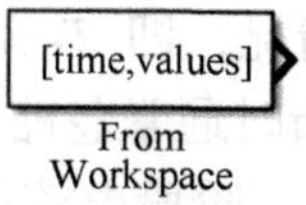

图 4.17　From Workspace 模块

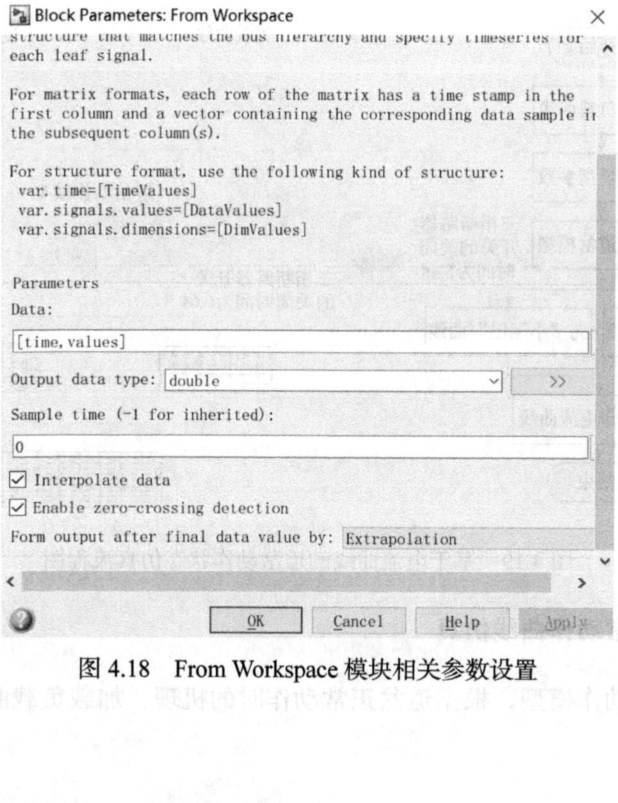

图 4.18　From Workspace 模块相关参数设置

4.3.2 基于道岔动作模型的动作曲线仿真

以 S700K 型电动转辙机为例，基于已构建的道岔动作模型，输入不同的负载曲线，设置相关模型参数，以模拟理想环境下道岔动作时的不同状态，得到其动作电流曲线。构建模型室外道岔设备的等效结构未考虑继电器及自动开闭器等设备，且仿真模型中三相断路器必须三相同时连接好才能仿真，无法单独使某一相断开进行仿真，故仿真曲线中的三相电流趋势同步，无法模拟出另外一相电流在某个时间单独为零的情况。因此，在模拟 1DQJ 落下进入缓释阶段时，需设置两个不同的三相断路器开关的关闭时间，分别仿真出三相有“小尾巴”曲线和三相无“小尾巴”曲线，提取有“小尾巴”曲线中的两相电流和无“小尾巴”中的一相电流，合成所提取的这三相曲线以仿真出缓释阶段两相电流出现的“小台阶”和一相电流为零的电流曲线，仿真道岔动作状态的流程如图 4.19 所示。另外，本模型在理想环境下运行，开始仿真后电动机瞬间启动，电流迅速增大，无法模拟 1DQJ 吸起后电流缓慢上升的过程。经现场调研发现，道岔电流达到最大值之前，经常出现电流不稳定的情况，即 T_1 阶段(图 3.5)电流变化较大属于正常现象，依据道岔动作电流曲线判断时通常忽略 T_1 阶段的变化。因此，本章所构建的道岔动作模型虽未能仿真出 T_1 阶段电流缓慢上升的过程，但不影响模拟准确的道岔动作电流曲线。

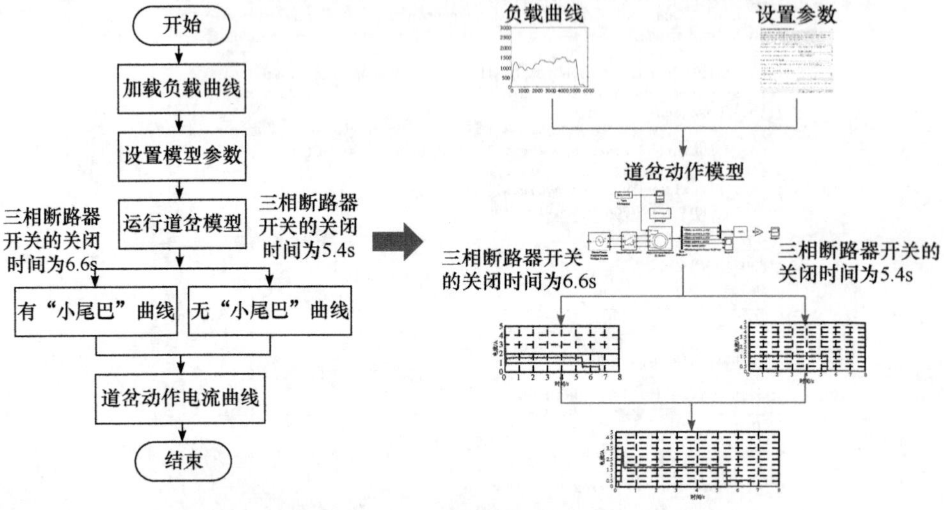

图 4.19 基于电流曲线的道岔动作状态仿真流程图

4.3.3 道岔正常动作曲线仿真

基于道岔动作模型，根据道岔正常动作时的机理，加载负载曲线，并设置相应的参数，模拟出道岔正常动作电流曲线。模型在理想情况下进行仿真，电动机可瞬间带载启动，启动时间较短，且 Simulink 中三相断路器必须三相同时连接好才能仿真，无法单独使某一相断开进行仿真，故仿真曲线中的三相电流趋势同步，无法模拟出另外一相电流在某个时间单独为零的情况。为仿真出完整的电流曲线，需设置不同的三相断路器开关的关闭时间。仿真有“小尾巴”曲线时，三相断路器开关的关闭时间设为 396/60s，即 6.6s。电流曲线中本该在即将出现“小尾巴”的时间关闭三相断路器，但为模拟出道岔动作电流曲线中的缓释阶段，即“小尾巴”部分，仿真时在即将出现“小尾巴”的部分只降低了负载，未关闭三相断路器，延长开关的关闭时间。在缓释阶段结束后，关闭三相断路器，就形成了“小尾巴”。仿真无“小尾巴”曲线时，三相断路器开关的关闭时间设为 324/60s，即 5.4s，对应道岔动作过程为 1DQJ 落下。

如图 4.20 所示，曲线为在示波器 1 中仿真所得到的道岔正常电流曲线。道岔动作各阶段的过程对应到仿真电动机模型中为：三相电压源开始供电，三相异步电动机带动负载启动，模拟道岔开始记录电流曲线；出现电流最大值 3.3A，对应到道岔动作过程为 2DQJ 转极，出现道岔动作电流最大值；电流曲线平稳在 1.5A 左右，仿真道岔开始解锁、转换、锁闭的动作过程；转动 5.4s 后，负载转矩将近为 0N·m，电流为 0.5A 左右，即道岔动作电流曲线的“小尾巴”缓释阶段；6.6s 后三相断路器切断电源，模拟 1DQJ 缓放落下，停止记录道岔动作电流曲线。对比微机监测系统中的曲线，由于仿真模型中无 1DQJ 设备的设置，即无 1DQJ 吸起的过程，电动机启动后电流直接增大，未出现实际电流中 1DQJ 吸起时电流在 0.5A 附近的短暂停留再上升的过程。仿真曲线的转换、缓释、停止阶段均与监测曲线基本相同，两组曲线相差较小。因此，说明本章构建的模型可较为准确地模拟出道岔动作电流曲线。

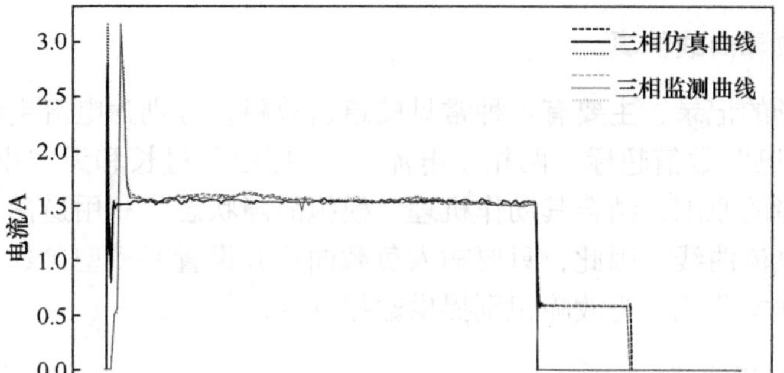

图 4.20　道岔正常电流仿真曲线与监测曲线的对比

4.3.4 道岔长期运行曲线仿真

由道岔动作机理可知，道岔从定位到反位或从反位到定位时，其传动过程是电动机的转动带动一系列机械设备转动，从而使得道岔转换。而机械设备经过长时间的运作，受外界湿度、温度以及自身磨损的影响，会出现摩擦力增大的情况，使得电动机转动时的负载变大。经现场调研发现，道岔长时间的动作会导致其动作电流曲线有一定的向上浮动的趋势。

根据摩擦力的变化，基于道岔动作模型，增大三相电动机的负载，模拟道岔长时间运行的状态。三相断路器开关的关闭时间分别设置为 5.4s 和 6.6s，仿真电流曲线如图 4.21 所示。由图可知，仿真曲线在道岔转换阶段的电流整体大于正常曲线 0.2A 左右，说明摩擦力的增大导致动作电流增大，也可认为，道岔长时间运行后，其电流有上升的趋势。因此，由道岔长时间运行曲线的仿真分析可得，部分由摩擦力增大导致的道岔故障是可预测的。

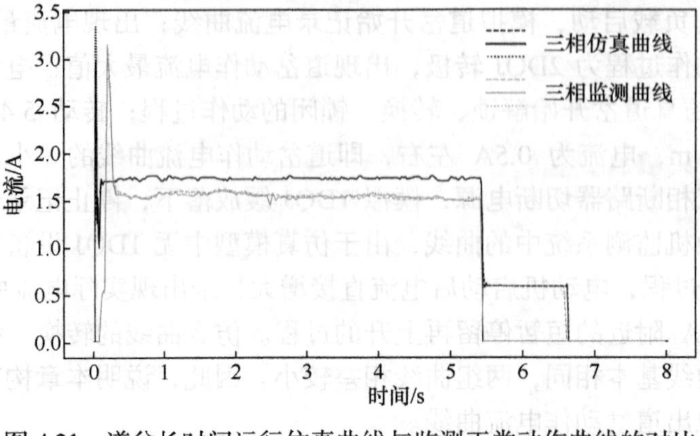

图 4.21　道岔长时间运行仿真曲线与监测正常动作曲线的对比

4.3.5 道岔故障曲线仿真

根据现场的记录，主要有六种常见的道岔故障，分别为电流突增、转换时间增长、“小尾巴”数值超标、两相小电流、“小尾巴”过长和无“小尾巴”。分析各种道岔故障的原因，结合其动作机理，模拟故障状态，利用道岔动作模型分别仿真其动作电流曲线。因此，只要输入负载曲线并设置好模型参数，即可仿真出大量的故障样本曲线，为故障识别提供数据支持。

1. 电流突增曲线

三相断路器开关的关闭时间分别设置为 5.4s 和 6.6s，以此模拟转辙机中的电动机在 0s 开始动作，仿真无“小尾巴”的曲线在 5.4s 停止记录，仿真有“小尾巴”的曲线在 6.6s 停止记录，并加载此种故障的负载曲线。

图 4.22 为在示波器 1 中仿真所得到的电流突增曲线和微机监测系统中的电流突增参考曲线。道岔动作各阶段的过程对应到仿真电动机模型中为：三相电压源供电后，三相异步电动机启动，即道岔动作电流曲线开始记录；电流出现最大值 3.3A，即 2DQJ 转极的过程；电流稳定在 1.7A 左右，4～4.6s 时，电流突然增大到 2.2A 左右，即道岔转换过程中遇到较大阻力，使得动作电流增大，之后恢复稳定运行状态；电动机动作 5.4s 后，两相电流负载减少，即道岔转换到位后，自动开闭器接点转换，断开室外启动电路，1DQJ 自闭电路断开进入缓释阶段，形成构通回路，电流出现“小尾巴”；一相电流关闭三相断路器，电流为 0A；6.6s 后三相断路器切断电源，电流为 0A，即道岔锁闭后 1DQJ 的状态由吸起变为落下，不再记录道岔动作电流曲线，道岔完成从定位到反位或反位到定位的转换。由图可知，仿真曲线与监测曲线除启动阶段，其他阶段基本相同，说明此模型可较好地模拟道岔电流突增故障，电流突增仿真曲线为道岔故障识别提供数据支持。

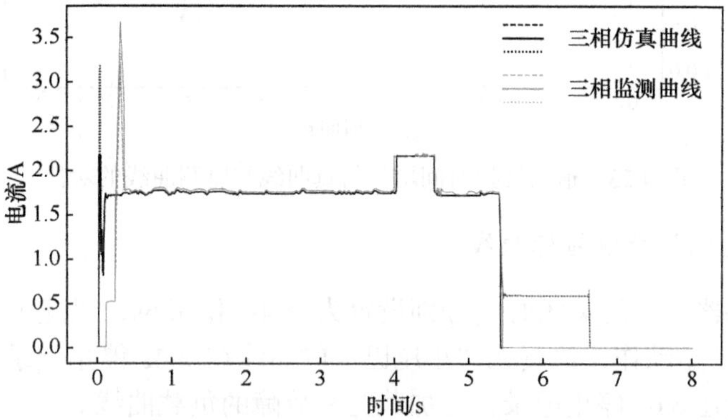

图 4.22　电流突增仿真曲线与监测曲线的对比

2. 转换时间增长曲线

三相断路器开关的关闭时间分别设置为 6s 和 7s，以此模拟转辙机中的电动机在 0s 开始动作，仿真无“小尾巴”的曲线在 6s 停止记录，仿真有“小尾巴”的曲线在 7s 停止记录，并加载此种故障的负载曲线。

图 4.23 为在示波器 1 中仿真所得到的道岔转换时间增长曲线和微机监测系统中的转换时间增长参考曲线。道岔动作各阶段的过程对应到仿真电动机模型中为：三相电压源提供电压后，三相异步电动机启动，模拟开始记录道岔动作电流曲线；电流出现尖峰，达到 3.3A，即 2DQJ 完成转极，道岔电流出现最大值；随后电流稳定在 1.7A 左右，对应道岔开始解锁、转换、锁闭的动作过程，但此阶段的时间比正常电流曲线延长 0.6s 左右，6s 时两相电流负载减少，才出现

“小尾巴”，即转换时间较长，一相电流关闭三相断路器，电流为 0A；6～7s 电流为 0.5A 左右，即道岔电路产生构通回路，电流出现“小台阶”，即 1DQJ 经历了 7s 才从吸起状态落下；7s 后三相断路器切断三相交流电源，电流为 0A，电动机停转，仿真 1DQJ 落下，停止记录道岔动作电流曲线。由图可知，仿真曲线与监测曲线除启动阶段及 6～7s 时不同，其他阶段基本相同，说明此模型可较好地模拟道岔转换时间增长故障，道岔转换时间增长仿真曲线为道岔故障识别提供数据支持。

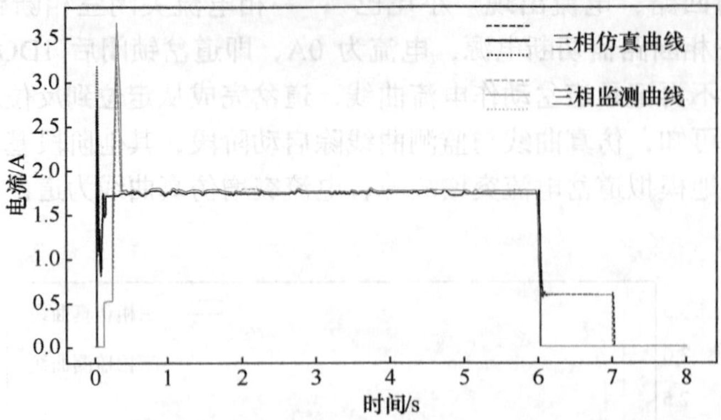

图 4.23　道岔转换时间增长仿真曲线与监测曲线的对比

3. “小尾巴”数值超标曲线

三相断路器开关的关闭时间分别设置为 5.4s 和 6.6s，以此模拟转辙机中的电动机在 0s 开始动作，仿真无“小尾巴”的曲线在 5.4s 停止记录，仿真有“小尾巴”的曲线在 6.6s 停止记录，并加载此种故障的负载曲线。

图 4.24 为在示波器 1 中仿真所得到的道岔“小尾巴”数值超标曲线和微机监测系统中的“小尾巴”数值超标参考曲线。道岔动作各阶段的过程对应到仿真电动机模型中为：三相异步电动机得到三相电压源 380V 的交流电后，带动负载开始启动，即道岔开始记录电流曲线的过程；电动机启动，电流最大为 3.3A，对应到道岔动作过程为 2DQJ 转极的过程；0.1～5.4s 电流均在 1.7A 左右，对应道岔解锁、转换、锁闭的动作过程，此时一相电流断相，电流为 0A，两相电流仍开启三相断路器开关，5.4～6.6s 的电流为 0.8A 左右，即道岔动作过程的缓释阶段，此阶段电流一般为 0.4～0.6A，0.8A 远大于参考曲线的值，即“小尾巴”电流过大；6.6s 后电动机失去电压，电动机电流为 0A，仿真道岔动作过程中 1DQJ 落下，不再记录此次动作的电流曲线。由图可知，仿真曲线与监测曲线除启动阶段，其他阶段基本相同，说明此模型可较好地模拟道岔“小尾巴”数值超标故障，“小尾巴”数值超标仿真曲线为道岔故障识别提供数据支持。

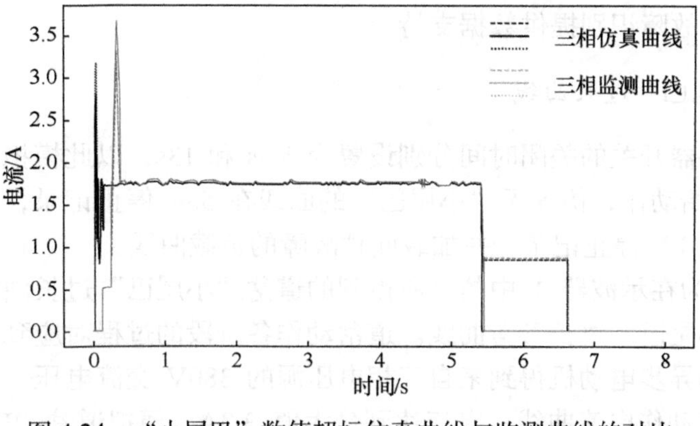

图 4.24　“小尾巴”数值超标仿真曲线与监测曲线的对比

4. 两相小电流曲线

三相断路器的开启时间设置为 0s，关闭时间设置为 3.4s，以此模拟转辙机中两相小电流在 0s 开始记录，3.4s 停止记录，并加载此种故障的负载曲线。

图 4.25 为在示波器 1 中仿真所得到的道岔两相小电流曲线和微机监测系统中的两相小电流参考曲线。道岔动作各阶段的过程对应到仿真电动机模型中为：三相电压源开始供电，三相异步电动机带动负载开始转动，模拟道岔开始记录道岔动作电流曲线；但未出现电流最大值，即道岔动作过程中无启动电流；平稳电流为 0.5A 左右，道岔正常动作时的电流应为 1.5A 左右，说明 2DQJ 未完成转极，产生 0.5A 左右的电流与正常电流曲线的“小尾巴”原理相似，即 380V 交流电压仍向室外供电，1DQJ、1DQJF 前接点和室外自动开闭器接点形成构通回路，产生 0.5A 左右的电流；电流在 3.4s 时回零，即 1DQJ 由吸起变为落下，道岔动作电流曲线结束记录。由图可知，仿真曲线与监测曲线除启动阶段，其他阶段基本相同，说明此模型可较好地模拟道岔两相小电流故障，道岔两相小电流仿

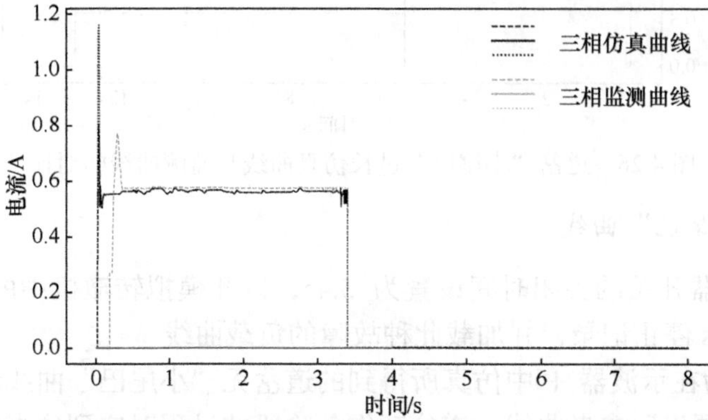

图 4.25　道岔两相小电流仿真曲线与监测曲线的对比

真曲线为道岔故障识别提供数据支持。

5. “小尾巴”过长曲线

三相断路器开关的关闭时间分别设置为 5.4s 和 13s，以此模拟转辙机中的电动机在 0s 开始动作，仿真无“小尾巴”的曲线在 5.4s 停止记录，仿真有“小尾巴”的曲线在 13s 停止记录，并加载此种故障的负载曲线。

图 4.26 为在示波器 1 中仿真所得到的道岔“小尾巴”过长曲线和微机监测系统中的“小尾巴”过长参考曲线。道岔动作各阶段的过程对应到仿真电动机模型中为：三相异步电动机得到来自三相电压源的 380V 交流电压，开始启动，即开始记录道岔动作电流曲线；电流达到最大值 3.3A，模拟道岔 2DQJ 转极的过程；0.1～5.4s 电动机电流在 1.7A 左右，此过程道岔完成解锁、转换、锁闭的动作；5.4s 时一相电流断相，电流为 0A，两相电流在 5.4～13s 持续为 0.5A 左右，道岔正常电流曲线中，此过程一般持续 1s 左右，但此曲线的“小尾巴”持续时间过长，1DQJ 一直未落下，13s 时才被三相断路器切断，停止记录电流曲线。由图可知，仿真曲线与监测曲线除启动阶段，其他阶段基本相同，在 5.4s 时两者一相电流均为 0A，在 5.4～13s 两相电流均保持在 0.5A 左右，说明此模型可较好地模拟道岔“小尾巴”过长故障，道岔“小尾巴”过长仿真曲线为道岔故障识别提供数据支持。

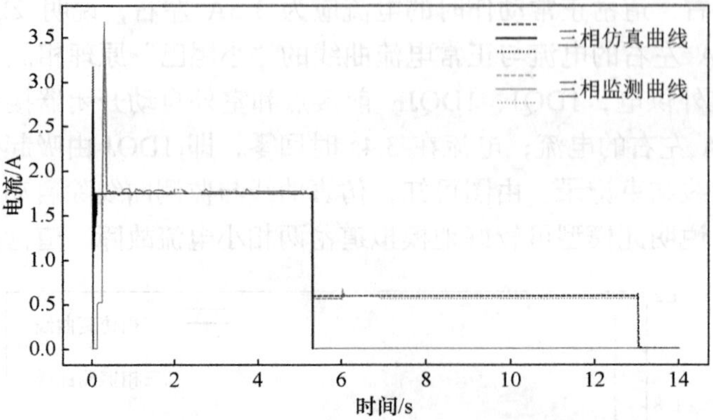

图 4.26　道岔“小尾巴”过长仿真曲线与监测曲线的对比

6. 无“小尾巴”曲线

三相断路器开关的关闭时间设置为 5.4s，以此模拟转辙机中的电动机在 0s 开始动作，5.4s 停止记录，并加载此种故障的负载曲线。

图 4.27 为在示波器 1 中仿真所得到的道岔无“小尾巴”曲线和微机监测系统中的无“小尾巴”参考曲线。道岔动作各阶段的过程对应到仿真电动机模型中

为：三相电压源供电后，三相异步电动机启动，仿真道岔动作电流曲线开始记录的过程；电流出现最大值 3.3A，模拟 2DQJ 转极的过程，道岔电流出现最大值；电流稳定在 1.7A 左右，此过程从 0.1s 持续到 5.4s，即道岔在此阶段完成解锁、转换、锁闭的动作；5.4s 后电流直接为 0A，未出现“小尾巴”，由道岔正常动作曲线可知，“小尾巴”是由于道岔到位后，自动开闭器接点与室外部分表示电路产生通路，没有“小尾巴”则说明此电路未构通，直接停止记录道岔动作电流曲线。由图可知，仿真曲线与监测曲线除启动阶段，其他阶段基本相同，说明此模型可较好地模拟道岔无“小尾巴”故障，道岔无“小尾巴”仿真曲线为道岔故障识别提供数据支持。

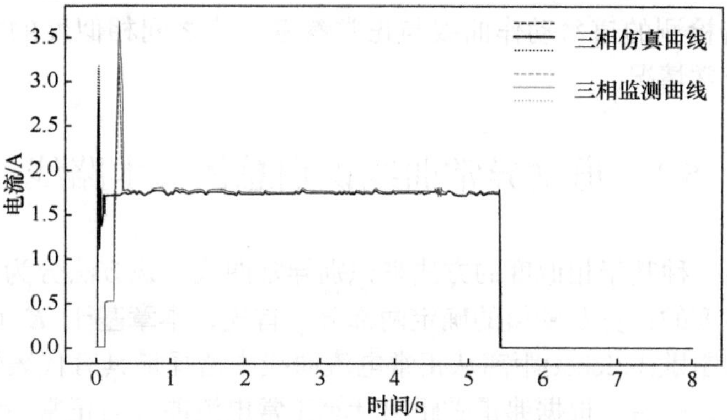

图 4.27　道岔无“小尾巴”仿真曲线与监测曲线的对比

第 5 章 道岔异常曲线识别

第 1 章和第 2 章通过对道岔工作原理以及道岔监测系统的介绍，明确了道岔的工作状态直接体现在道岔监测系统采集到的道岔动作曲线上，并基于道岔动作曲线分析了典型的道岔故障类型。本章基于道岔监测系统采集到的动作曲线，利用机器学习的方法从道岔动作历史曲线集合中选取出正常参考曲线，然后通过计算待检测的道岔动作曲线与正常参考曲线之间相似度的方法来检测道岔是否出现异常情况。

5.1 道岔异常曲线识别总体技术路线

本章提出一种基于相似度的方法来识别异常曲线，该方法分为正常参考曲线的选取、相似度的计算及阈值的确定两部分。首先，本章基于 K 均值(K-means)聚类算法或弗雷歇(Fréchet)距离从正常电流曲线中选择最具有代表性的曲线作为正常参考曲线；然后，根据弗雷歇距离计算正常电流曲线与正常参考曲线之间的相似度；最后，根据相似度计算结果设置一个合理的阈值，并用阈值判断道岔的动作是否出现异常。该方法的框架如图 5.1 所示。

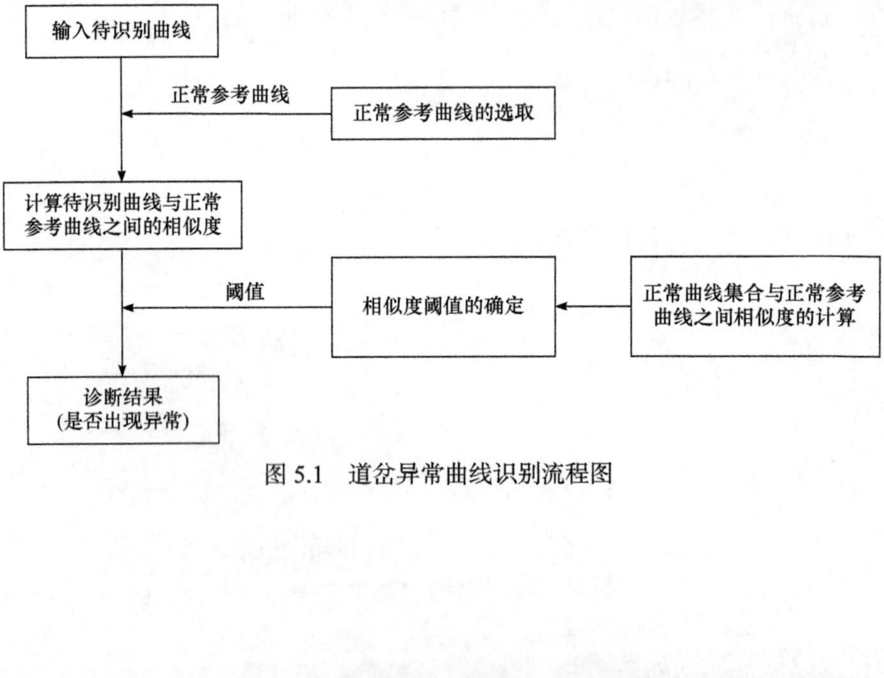

图 5.1 道岔异常曲线识别流程图

5.2　道岔正常参考曲线的选取方法

正常参考曲线的选取会影响待识别电流曲线(待识别曲线)与正常参考曲线的相似度计算结果，进而会影响异常曲线识别的准确性。因此，正常参考曲线的选取极为重要，务必要保证挑选出的正常参考曲线标准且具有代表性。道岔正常参考曲线选取的方法有很多，这里主要介绍两种：①基于 K 均值聚类算法的道岔正常参考曲线的选取；②基于弗雷歇距离的道岔正常参考曲线的选取。

5.2.1　基于 *K* 均值聚类算法的道岔正常参考曲线的选取

基于 K 均值聚类算法的道岔正常参考曲线的选取方法是通过分析曲线上每一个点的代表性来定量描述曲线的代表性。该方法分为三步，即预处理、点分析、线分析。预处理是将每条正常曲线的采样点个数限制在一定范围内，并将采样点个数不在该范围内的曲线从实验样本中去除；点分析是获得实验样本中每个采样点的聚类中心；线分析是通过分析每条曲线所包含聚类中心的数量，来定量地描述曲线的代表性，进而挑选出最具有代表性的曲线作为正常参考曲线。正常参考曲线的选取流程如图 5.2 所示。

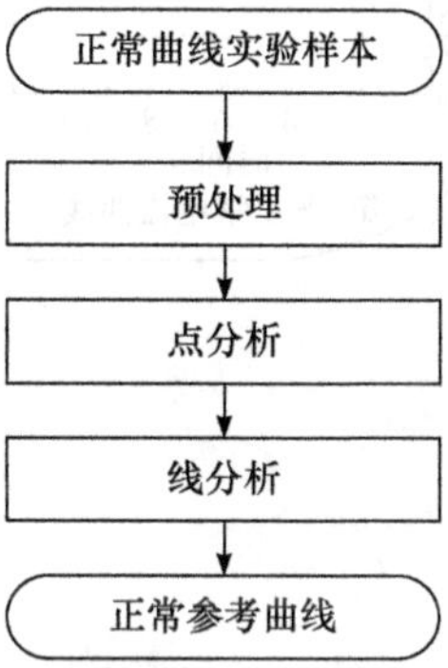

图 5.2　正常参考曲线的选取流程图

1. 预处理

实验样本由 n' 个正常电流曲线组成，记为 $L'=\{l'_1,l'_2,\cdots,l'_{n'}\}$，$H=\{h_1,h_2,\cdots,h_{n'}\}$ 为 L' 中每条曲线的采样点个数集合，h_i 为曲线 $l'_i(i\in[1,n'])$ 的采样点个数。根据 H 的分布情况，设定一个区间 $[O,U]$。若 h_i 不在区间 $[O,U]$，则从实验样本 L' 中去除曲线 l'_i。剔除不满足条件的曲线后，实验样本为 $L=\{l_1,l_2,\cdots,l_n\}$。

2. 点分析

将实验样本 L 中每条曲线的具体电流数据保存到矩阵 C 中，则矩阵 C 为

$$C=\begin{bmatrix} l_1 \\ \vdots \\ l_n \end{bmatrix}=\begin{bmatrix} c_{11} & \cdots & c_{1U} \\ \vdots & c_{ij} & \vdots \\ c_{n1} & \cdots & c_{nU} \end{bmatrix} \tag{5.1}$$

其中，$c_{ij}(i\in[1,n];\ j\in[1,U])$ 表示第 i 条曲线的第 j 个采样点所对应的电流。

矩阵 C 的第 j 列元素记为 p_j，即 $p_j=[c_{1j},c_{2j},\cdots,c_{nj}]^{\mathrm{T}}$。从而得到 U 个采样点的电流集合 $P=\{p_1,p_2,\cdots,p_j,\cdots,p_U\}$，其中 p_j 表示实验样本中第 j 个采样点的电流集合。

第 j 个采样点的电流集合的聚类中心记为 z_j，则基于 K 均值聚类算法可得到 $z_j=K\text{-means}(p_j)$。依此可得到 U 个采样点的聚类中心集合 $Z=\{z_1,z_2,\cdots,z_j,\cdots,z_U\}$，其中 z_j 表示实验样本中第 j 个采样点的聚类中心。

点分析的示意图如图 5.3 所示。

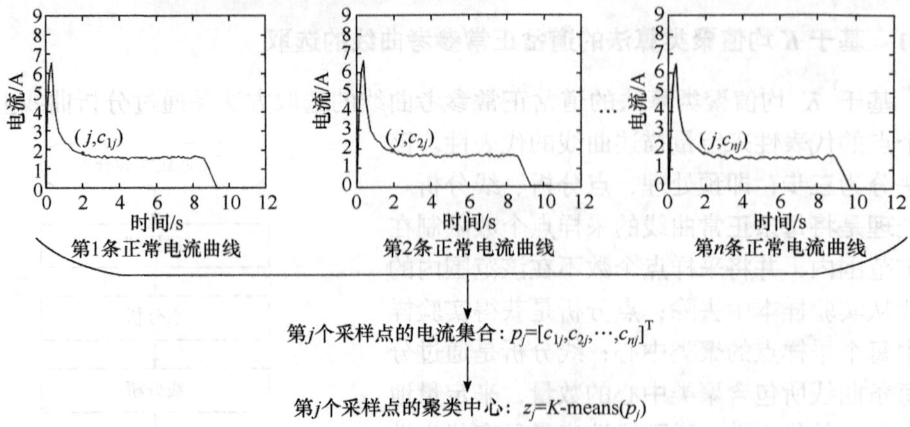

图 5.3　点分析的示意图

基于聚类中心集合 Z，可得到聚类中心区间集合 $I=\{i_1,i_2,\cdots,i_j,\cdots,i_U\}$，其中 $i_j=[z_j-e,z_j+e]$，表示第 j 个采样点的聚类中心区间，e 为区间半径，可根据实际情况自行设置。当曲线的第 j 个采样点处于区间 i_j 时，可称该曲线的第 j 个采样点具有代表性，为聚类中心。

3. 线分析

以第 $i(i\in[1,n])$ 条曲线 $l_i=(c_{i1},c_{i2},\cdots,c_{iU})$ 为例，分析曲线上的每一个点是否在相应的聚类中心区间。若点在相应的聚类中心区间，则称该点为聚类中心；否则，该点不是聚类中心。进而统计第 i 条曲线上有多少个点为聚类中心，其具体数值为 m_i，则聚类中心数目统计集合为 $M=\{m_1,m_2,\cdots,m_i,\cdots,m_n\}$，其中 m_i 为第 i 条曲线所包含的聚类中心的个数。基于集合 M，找出其中包含聚类中心个数最多的曲线，作为正常参考曲线，记为曲线 l_r，即

$$m_r=\max(M) \tag{5.2}$$

其中，m_r 为曲线 l_r 所包含的聚类中心的数目。

5.2.2　基于弗雷歇距离的道岔正常参考曲线的选取

基于弗雷歇距离的道岔正常参考曲线的选取方法是从整体上计算曲线与其他曲线的距离，进而定量描述该曲线的代表性。

1. 弗雷歇距离

距离空间的概念是法国数学家弗雷歇于 1906 年提出的，又称为弗雷歇距离，它将现实空间的距离概念推广到一般的集合上，为抽象空间的距离度量提供了理论基础。

设 A 和 B 为 S 上的两条连续曲线，即 $A:[0,1]\to S$， $B:[0,1]\to S$；又设 α 和 β 为单位区间的两个重参数化函数，即 $\alpha:[0,1]\to[0,1]$， $\beta:[0,1]\to[0,1]$，则曲线 A 与曲线 B 的弗雷歇距离 $F(A,B)$ 定义为

$$F(A,B)=\inf_{\alpha,\beta}\max_{t\in[0,1]}\{d(A(\alpha(t)),B(\beta(t)))\} \tag{5.3}$$

其中，d 为 S 上的度量函数。

基于以上弗雷歇距离的思想，采取适合于计算机的离散弗雷歇距离算法来刻画两条曲线之间的距离，并作为其弗雷歇距离，具体实施步骤如下。

(1) 曲线 L_1 可表示为

$$P=\{P(1),P(2),\cdots,P(n),\cdots,P(N)\} \tag{5.4}$$

其中， $P(n)=(x_n,y_n)$ ， n 为曲线 L_1 上采样点的序号， $n=1$ 为起始采样点， $n=N$ 为末尾采样点； x_n 为第 n 个采样点的横坐标， y_n 为第 n 个采样点的纵坐标。

(2) 曲线 L_2 可表示为

$$P'=\{P'(1),P'(2),\cdots,P'(m),\cdots,P'(M)\} \tag{5.5}$$

其中， $P'(m)=(x'_m,y'_m)$ ， m 为曲线 L_2 上采样点的序号， $m=1$ 为起始采样点， $m=M$ 为末尾采样点； x'_m 为第 m 个采样点的横坐标， y'_m 为第 m 个采样点的纵坐标。

(3) 计算 L_1 上各采样点到 L_2 上各采样点之间的距离，得到距离矩阵 D 为

$$D=\begin{bmatrix} d_{11} & \cdots & d_{1N} \\ \vdots & d_{mn} & \vdots \\ d_{M1} & \cdots & d_{MN} \end{bmatrix} \tag{5.6}$$

其中， $d_{mn}=\sqrt{(x'_m-x_n)^2+(y'_m-y_n)^2}$ 为曲线 L_1 上第 n 个采样点到曲线 L_2 上第 m 个采样点的距离， $1\leqslant m\leqslant M$ ， $1\leqslant n\leqslant N$ 。

(4) 找出距离矩阵 D 中的最大距离 $d_{\max}=\max(D)$ 以及最小距离 $d_{\min}=$

$\min(D)$，初始化目标距离 $f = d_{\min}$，并设置循环间隔为

$$\text{res} = \frac{d_{\max} - d_{\min}}{100} \tag{5.7}$$

(5) 将距离矩阵 D 中小于或等于 f 的元素设置为 1，大于 f 的元素设置为 0，从而得到二值矩阵 D' 为

$$D' = \begin{bmatrix} d'_{11} & \cdots & d'_{1N} \\ \vdots & d'_{mn} & \vdots \\ d'_{M1} & \cdots & d'_{MN} \end{bmatrix} \tag{5.8}$$

其中，$d'_{mn} = \begin{cases} 1, & d'_{mn} \leqslant f \\ 0, & d'_{mn} > f \end{cases}$，$1 \leqslant m \leqslant M$，$1 \leqslant n \leqslant N$。

(6) 在二值矩阵 D' 中搜索一条满足以下条件的路径 R：路径 R 的起点为 d'_{11}，路径 R 的终点为 d'_{MN}；路径在通过点 d'_{mn} 后，其下一个通过点只能为 $d'_{(m+1)n}$、$d'_{m(n+1)}$、$d'_{(m+1)(n+1)}$ 中的一个；路径 R 中所有点的值都必须为 1。

用数学表达式的形式，存在一条路径 $R = \{d'_{11}, \cdots, d'_{mn}, \cdots, d'_{MN}\}$ 满足以下关系：

$$d'_{11} \times \cdots \times d'_{mn} \times d'_{(m+k)(n+k')} \times \cdots \times d'_{MN} = 1 \tag{5.9}$$

其中，$1 \leqslant m \leqslant M$；$1 \leqslant n \leqslant N$；$1 \leqslant m+k \leqslant M$；$1 \leqslant n+k' \leqslant N$；$k \in \{0,1\}$；$k' \in \{0,1\}$。

(7) 若在步骤(6)中未找到满足条件的路径，则设置目标距离 $f = f + \text{res}$，然后重复步骤(5)和(6)；若在步骤(6)中找到满足条件的路径或者目标距离 $f = d_{\max}$，则进入下一步。

(8) 曲线 L_1 与曲线 L_2 之间的弗雷歇距离 $F(L_1, L_2) = f$。

2. 基于弗雷歇距离的道岔正常参考曲线的选取

适合于计算机的离散弗雷歇距离算法可以计算出曲线与其他曲线之间的弗雷歇距离，并对得到的弗雷歇距离进行求和，将结果作为该曲线的累积弗雷歇距离，利用该指标来描述曲线的代表性。由上面对弗雷歇距离的介绍可知，两条曲线之间的弗雷歇距离越大，说明两条曲线之间的差异越大。因此，曲线的累积弗雷歇距离越大，说明曲线与其他曲线的差异越大，越不具有代表性。该方法分为两步，即预处理和计算累积弗雷歇距离。预处理是将每条正常曲线的采样点个数限制在一定的范围，并将采样点个数不在该范围的曲线从实验样本中去除；计算累积弗雷歇距离是通过对比每条曲线的累积弗雷歇距离，来定量地描述曲线的代表性，进而挑选出最具有代表性的曲线作为正常参考曲线。正常参考曲线的选取流程如图 5.4 所示。

1) 预处理

实验样本由 n' 条正常曲线组成，记为 $L'=\{l_1',l_2',\cdots,l_{n'}'\}$。$H=\{h_1,h_2,\cdots,h_{n'}\}$ 为 L' 中每条曲线的采样点个数集合，h_i 为曲线 $l_i'(i\in[1,n'])$ 的采样点个数。根据 H 的分布情况，设定一个区间 $[O,U]$。若 h_i 不在区间 $[O,U]$，则从实验样本 L' 中去除曲线 l_i'。剔除不满足条件的曲线后，实验样本为 $L=\{l_1,l_2,\cdots,l_n\}$。

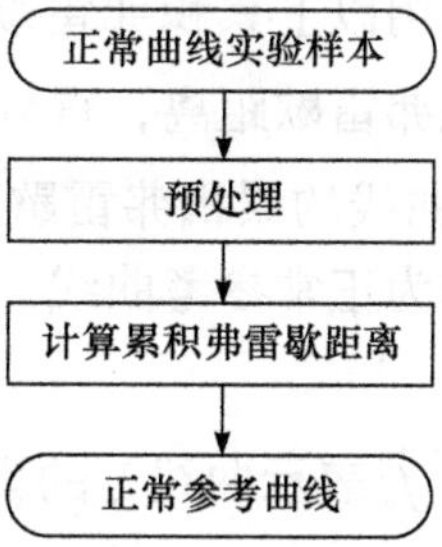

图 5.4　正常参考曲线的选取流程图

2) 计算累积弗雷歇距离

针对实验样本 $L=\{l_1,l_2,\cdots,l_n\}$，曲线 l_i 的累积弗雷歇距离 $\hat{f}_i$ 为

$$\hat{f}_i=\sum_{k=1}^{n}F(l_i,l_k),\quad k\neq i \tag{5.10}$$

其中，$F(l_i,l_k)$ 为曲线 l_i 与 l_k 之间的弗雷歇距离。曲线 l_i 的累积弗雷歇距离 $\hat{f}_i$ 计算示意图如图 5.5 所示。

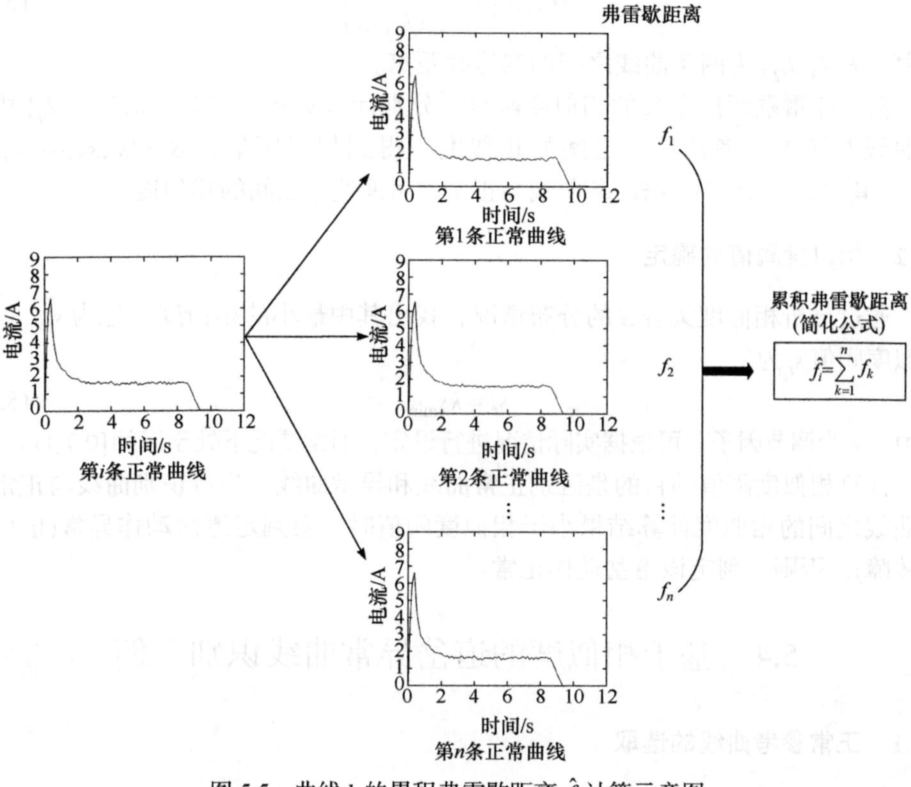

图 5.5　曲线 l_i 的累积弗雷歇距离 $\hat{f}_i$ 计算示意图

利用以上累积弗雷歇距离计算方法计算实验样本 $L=\{l_1,l_2,\cdots,l_n\}$ 中每条曲线的累积弗雷歇距离，得到累积弗雷歇距离集合 $\hat{F}=\{\hat{f}_1,\hat{f}_2,\cdots,\hat{f}_i,\cdots,\hat{f}_n\}$，其中 $\hat{f}_i$ 为第 i 条曲线的累积弗雷歇距离。基于集合 $\hat{F}$，找出其中累积弗雷歇距离最小的曲线，作为正常参考曲线，记为曲线 l_r，即

$$\hat{f}_r=\min(\hat{F}) \tag{5.11}$$

其中，$\hat{f}_r$ 表示曲线 l_r 的累积弗雷歇距离。

5.3 相似度的计算及阈值的确定

5.3.1 正常曲线与正常参考曲线之间的相似度计算

通过弗雷歇距离可以得到两条曲线之间变化趋势的相似度。弗雷歇距离越小，说明两条曲线之间的相似程度越高；弗雷歇距离越大，说明两条曲线之间的相似程度越低。因此，曲线 L_1 与曲线 L_2 的相似度 $S(L_1,L_2)$ 定义如下：

$$S(L_1,L_2)=\frac{1}{F(L_1,L_2)} \tag{5.12}$$

其中，$F(L_1,L_2)$ 为两条曲线之间的弗雷歇距离。

基于弗雷歇距离定义的相似度函数，分别计算实验样本 $L=\{l_1,l_2,\cdots,l_n\}$ 中每条曲线与正常参考曲线 l_r 之间的相似度，得到相似度集合 $S=\{s_1,s_2,\cdots,s_i,\cdots,s_n\}$，其中 $s_i(i\in[1,n])$ 为第 i 条曲线与正常参考曲线 l_r 之间的相似度。

5.3.2 相似度阈值的确定

通过分析相似度集合 S 的分布情况，找出其中最小的相似度，记为 $s_{\min}$。则相似度阈值 s_t 为

$$s_t=ks_{\min} \tag{5.13}$$

其中，k 为调节因子，可根据实际情况进行设定，通常情况下处于区间 $[0.7,1)$。

计算相似度阈值的目的是区别正常曲线和异常曲线。当待识别曲线与正常参考曲线之间的相似度计算结果小于相似度阈值时，会判定道岔动作异常(也可能为故障)；否则，判定该道岔动作正常。

5.4 基于相似度的道岔异常曲线识别举例

5.4.1 正常参考曲线的选取

该例中采用基于 K 均值聚类算法进行道岔正常参考曲线的选取，以 ZD6 型

转辙机的道岔动作数据为例，为了选择最具代表性的正常参考曲线，使用 120 条正常曲线作为实验样本并对它们进行预处理，以分析曲线采样点个数的分布，结果如图 5.6 所示。由分布可以看出，采样点个数集中在[78,80]区间。因此，从实验样本中去除了曲线采样点个数为 77 和 81 的曲线。预处理后，实验样本由 109 条曲线组成。

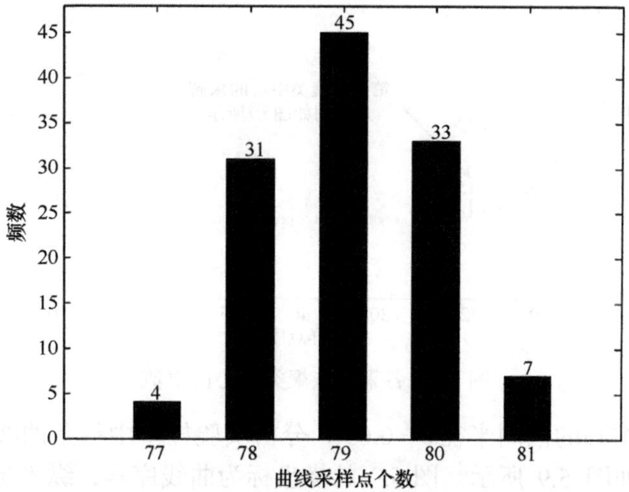

图 5.6　曲线采样点个数分布

在 109 条正常曲线的基础上，每个采样点都有 109 个值(若曲线的采样点个数小于 80，则其第 79 个或第 80 个采样点的值被设置为 0)。以第 15 个采样点为例，采用 K 均值聚类算法对其进行聚类分析，进而得到其聚类中心，结果如图 5.7

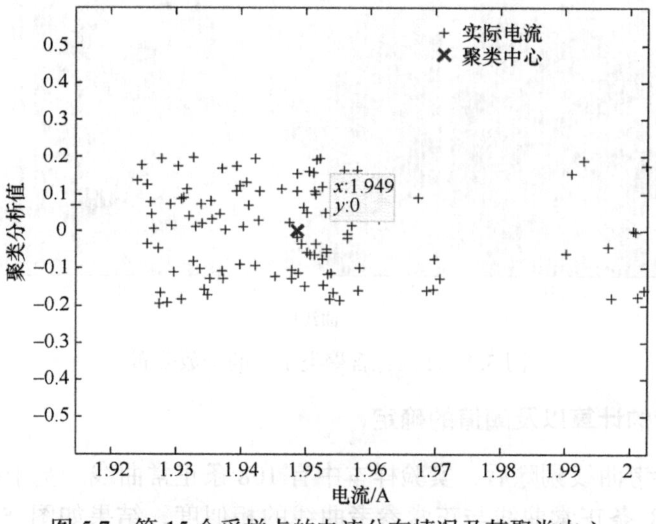

图 5.7　第 15 个采样点的电流分布情况及其聚类中心

所示。在图 5.7 中，图像的纵坐标是为了防止点重叠，并没有实际意义。由图 5.7 可以看出，第 15 个采样点的聚类中心为 1.949。

同样对每个采样点的电流集合进行聚类分析，结果如图 5.8 所示，横坐标为采样点序号，纵坐标为聚类中心所对应的电流。

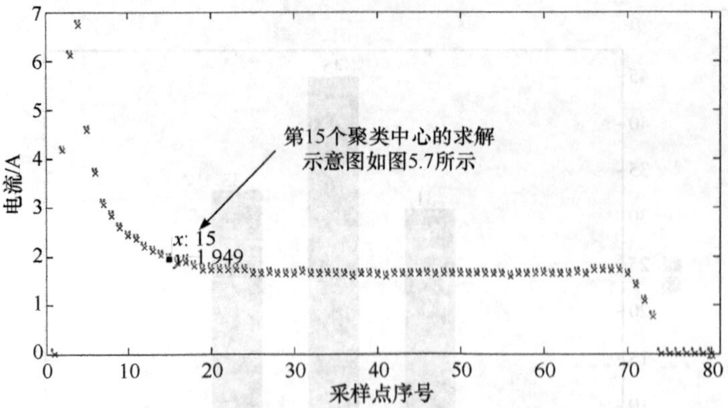

图 5.8　各采样点聚类中心的电流

设置聚类中心的区间半径 $e=0.03$，分析实验样本中每条曲线包含聚类中心的数量，结果如图 5.9 所示。图 5.9 的横坐标为曲线序号，纵坐标为曲线包含聚类中心的个数。由图 5.9 可以看出，第 52 条曲线中包含的聚类中心个数最多，为 75 个，这说明第 52 条曲线最具代表性，因此将其作为正常参考曲线 l_r。

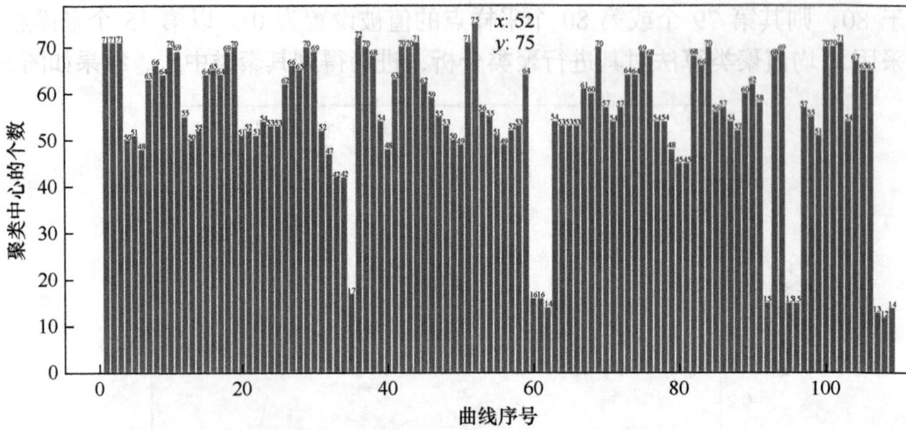

图 5.9　曲线包含聚类中心的个数分布

5.4.2　相似度的计算以及阈值的确定

将正常参考曲线剔除后，实验样本中有 108 条正常曲线。基于弗雷歇距离，分别计算 108 条正常曲线与正常参考曲线的相似度，结果如图 5.10 所示。由

图 5.10 可知，正常曲线与正常参考曲线之间的相似度都在区间[3.8, 4.1]，而且最小相似度 $s_{\min}=3.81$。将调节因子 k 设置为 0.95，相似度阈值 s_t 为

$$s_t = ks_{\min} = 0.95\times 3.81 = 3.6195 \tag{5.14}$$

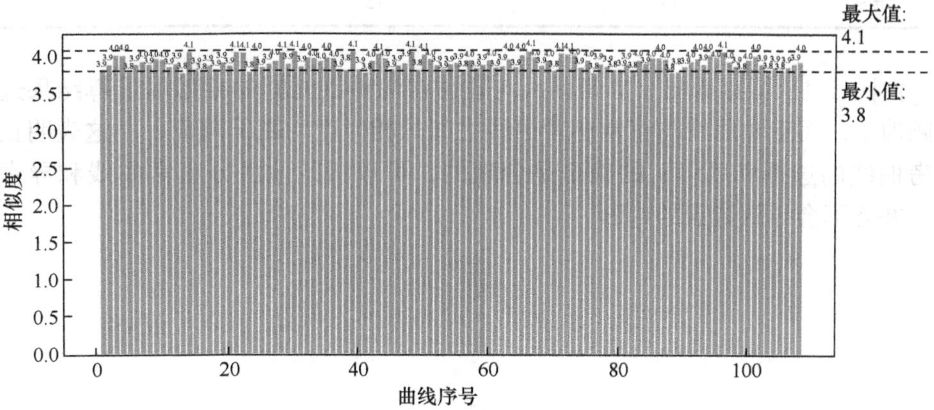

图 5.10　相似度计算结果

5.4.3　实例测试

用 50 条电流曲线(包含 35 条正常电流曲线和 15 条异常电流曲线)作为测试样本，对基于弗雷歇距离计算曲线与正常参考曲线的相似度的方法进行测试。分别计算 50 条曲线与正常参考曲线 l_r 之间的相似度，结果如图 5.11 所示。若相似度低于阈值 s_t，则相应的曲线被判定为异常。结合图 5.11，可以得到表 5.1 中的测试结果。

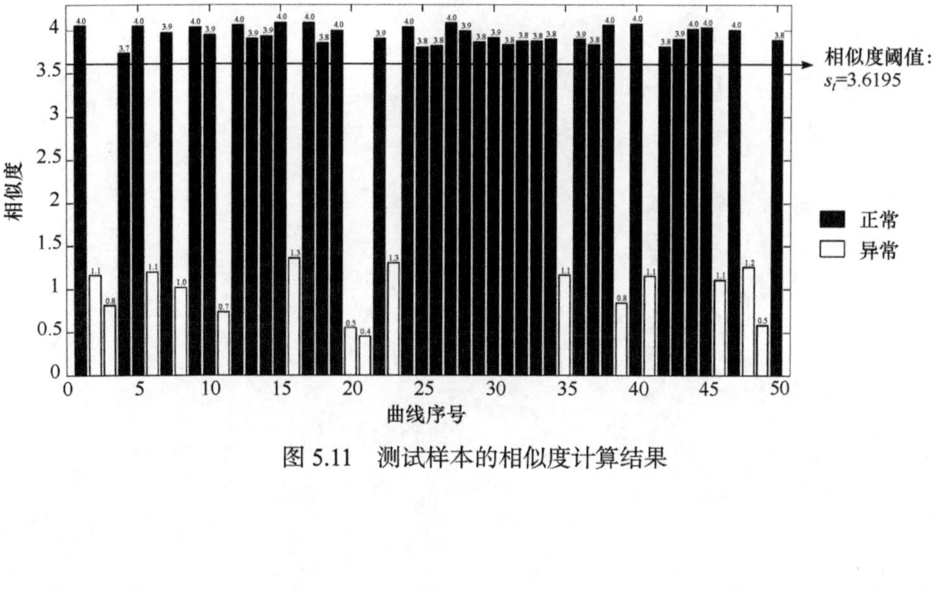

图 5.11　测试样本的相似度计算结果

表 5.1　测试结果

类型	样本数量	诊断结果正确的曲线数量	准确率
正常	35	35	100%
异常	15	15	100%

由图 5.11 可以看出，异常曲线与正常参考曲线之间的相似度计算结果远小于阈值 s_t，而正常曲线与正常参考曲线之间的相似度均高于阈值 s_t。这表明正常参考曲线的选择和阈值 s_t 的确定是合理的，可以清楚地区分正常曲线和异常曲线，并且不会导致错误的判断。

第 6 章　基于距离的道岔故障诊断

基于道岔动作曲线的道岔故障诊断的主要任务就是对道岔动作曲线进行分类。在进行分类时，经常需要知道个体间差异的大小，进而评价个体的相似性和类别。衡量个体差异的方法有很多，主要分为距离度量和相似度度量，本章主要讲解常用的距离算法，并基于距离算法实现对道岔故障的诊断。

6.1　典型距离算法

常用的距离算法有欧氏距离算法、曼哈顿距离算法、切比雪夫距离算法、动态时间规整(dynamic time warping，DTW)算法、弗雷歇距离算法等。5.2.2 节介绍了弗雷歇距离算法，本节介绍动态时间规整算法。

动态时间规整算法由日本学者 Itakura 提出，在孤立词语音识别中，是最为简单有效的方法，该算法基于动态规划(dynamic programming，DP)的思想，解决了发音长短不一的模板匹配问题，是语音识别中出现较早、较为经典的一种算法。其主要思想为在两个序列的距离度量过程中，引入弹性距离法则，相比于欧氏距离，在计算两个非对齐序列的相似度时，能够一定程度上容忍数据的部分变形。

如图 6.1 所示，实线和虚线分别为同一个词“pen”的两个语音波形(在 y 轴上拉开了，以便观察)，可以看到它们整体上的波形很相似，但在时间轴上却是不对齐的。例如，在第 20 个时间点的时候，实线波形的 a 点会对应于虚线波形的 b' 点，这样传统地通过比较距离来计算相似性很明显不靠谱，因为实线波形的 a 点对应虚线波形的 b 点才是正确的。而在动态时间规整算法中，通过找到这两个波形对齐的点，如 a 点对应于 b 点，可以正确计算两波形的距离。

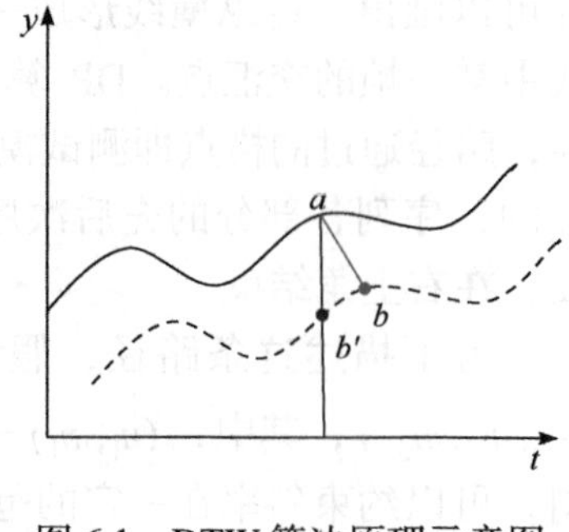

图 6.1　DTW 算法原理示意图

大部分情况下，两个序列整体上具有非常相似的形状，但是这些形状在 x 轴上并不是对齐的。在道岔动作曲线中，不同的曲线动作时间并不一致。在比较 x 轴未对齐的两个序列相似度之前，需要将其中一个(或者两个)序列在时间轴上扭曲，以达到更好的对齐效果。而动态时间规整算法就是实现这种扭曲的一种有效方法，此算法通过将时间序列延伸或缩短，计算两个时间序列之间的距离，进而判断其相似性。

首先采用端点算法确定序列的起点和终点。已存入模板库的各个曲线称为参考序列，一个参考序列可表示为$R=\{R(1),R(2),\cdots,R(m),\cdots,R(M)\}$，$m$ 为训练序列帧的时序标号，$m=1$ 为起点帧，$m=M$ 为终点帧，M 为该模板所包含的帧总数，$R(m)$ 为第 m 帧的特征矢量。所要识别的一个输入序列称为测试序列，可表示为$T=\{T(1),T(2),\cdots,T(n),\cdots,T(N)\}$，$n$ 为测试序列的时序标号，$n=1$ 为起点帧，$n=N$ 为终点帧，因此 N 为该序列所包含的帧总数，$T(n)$ 为第 n 帧的特征矢量。参考序列与测试序列一般采用相同类型的特征矢量，如梅尔倒谱系数特征(Mel-frequency cepstral coefficients，MFCC)、语音的线性预测系数(linear prediction coefficient，LPC)，也采用相同的帧长和相同的窗函数。

假设测试序列和参考序列分别用 T 和 R 表示，为了比较它们之间的相似度，可以计算它们之间的距离$D[T,R]$，距离越小则相似度越高。从 T 和 R 中各个对应帧之间的距离算起，设 n 和 m 分别为 T 和 R 中任意选择的帧号，$d[T(n),R(m)]$表示这两帧特征矢量之间的距离。距离函数取决于实际采用的距离度量，在 DTW 算法中通常采用欧氏距离。

若 $N=M$，则可以直接计算，否则要考虑将$T(n)$和$R(m)$对齐。对齐可以采用线性扩张的方法，若 $N<M$，则可以将 T 线性映射为一个 M 帧的序列，再计算它与$\{R(1),R(2),\cdots,R(M)\}$之间的距离。但是，这样的计算没有考虑到序列中各个段在不同情况下的持续时间会产生或长或短的变化，因此更多采用 DP 算法。

若把测试序列的各个帧号$n=1\sim N$在一个二维直角坐标系中的横轴上标出，把参考序列的各个帧号$m=1\sim M$在纵轴上标出，则通过这些表示帧号的整数坐标可以画出一些纵横线形成一个网络，网络中的每一个交叉点(n,m)表示测试模式中某一帧的交汇点。DP 算法可以归结为寻找一条通过此网络中若干格点的路径，路径通过的格点即测试模板和参考模板中进行计算的帧号。路径不是随意选择的，序列各部分的先后次序不可能改变，因此所选的路径必定是从左下角出发，在右上角结束。

为了描述这条路径，假设路径通过的所有格点依次为$(n_1,m_1),\cdots,(n_i,m_j),\cdots,(n_N,m_M)$，其中，$(n_1,m_1)=(1,1)$，$(n_N,m_M)=(N,M)$。为了使路径不至于过倾斜，可以约束斜率在一定的范围，若路径已经通过了格点(n,m)，则下一个通过的格点只可能为下列三种情况之一，即

$$\begin{cases}(n,m)=(n+1,m)\\(n,m)=(n+1,m+1)\\(n,m)=(n,m+1)\end{cases}\tag{6.1}$$

用 r 表示上述三个约束条件。求最佳路径的问题可以归结为：满足约束条件 r 时，求最佳路径函数使得沿路径的累积距离达到最小值。

搜索从 (n,m) 点出发，可以展开若干条路径，假设可计算每条路径达到 (n,m) 点时的总累积距离，具有最小累积距离的路径即最佳路径。那么，限定范围的任一格点 (n,m) 只可能有一条搜索路径通过。对于 (n,m)，其可达到该格点的前一个格点只可能是 $(n-1,m)$、$(n-1,m-1)$ 和 $(n,m-1)$，那么 (n,m) 一定选择这三个距离的路径延伸而通过 (n,m)，这时此路径的累积距离为

$$D[(n,m)] = d[T(n), R(m)] + \min\{D(n-1,m), D(n-1,m-1), D(n,m-1)\} \tag{6.2}$$

这样可以从 $(n,m)=(1,1)$ 出发搜索 (n,m)，对每一个 (n,m) 都存储相应的距离，这个距离为当前格点的匹配距离与前一个累积距离最小的格点(按照设定的斜率在三个格点中进行比较)。搜索到 (n,m) 时，只保留一条最佳路径。若有必要，则通过逐点向前寻找就可以求得整条路径。这套 DP 算法便是 DTW 算法。

DTW 算法可以直接按上面的描述来实现，即分配两个 $N \times M$ 的矩阵，分别为积累距离矩阵 D 和帧匹配距离矩阵 d，其中帧匹配距离矩阵 $d(i,j)$ 的值为测试模板的第 i 帧与参考模板的第 j 帧之间的距离，$D(n,m)$ 即最佳匹配路径所对应的匹配距离。

6.2　基于距离的道岔故障诊断方法

本章提出的基于距离的道岔故障诊断方法如图 6.2 所示。

基于距离的道岔故障诊断方法，包括以下步骤：

(1) 采集道岔的每次动作曲线；

(2) 利用第 5 章的方法将所获取的道岔每次动作曲线分为正常曲线与故障曲线；

(3) 对于正常曲线与故障曲线，分别选择一条特征最具代表性的曲线作为正常代表曲线与故障代表曲线；

(4) 利用相似度算法计算待识别曲线与正常代表曲线的相似度 1 和待识别曲线与故障代表曲线的相似度 2；

(5) 比较步骤(4)所得相似度，若相似度 1 大于相似度 2，则该曲线为正常曲线，若相似度 1 小于相似度 2，则该曲线为故障曲线。

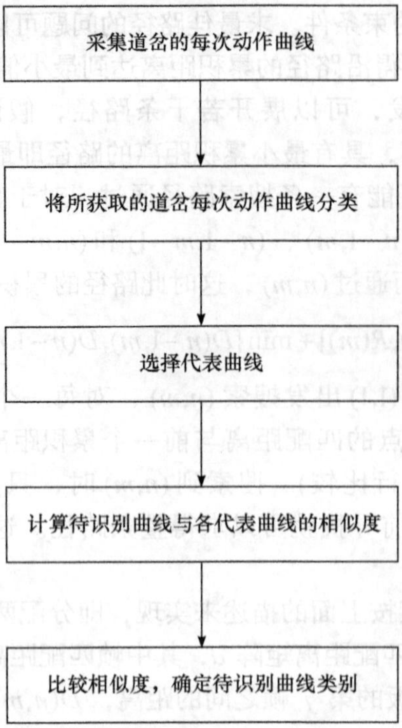

图 6.2　基于距离的道岔故障诊断方法

其中，步骤(4)中的相似度算法可以为 6.1 节中的动态时间规整算法，也可以为 5.2 节中的弗雷歇距离算法。

基于距离的故障诊断方法只需要将典型的故障数据作为此类故障的参考样本，计算出待识别曲线与各参考样本的距离，即可得到相应的故障类型。虽然也需要专家参与输入参考样本先验知识，但不需要专家将经验转化为固定的规则或阈值，只需要简单地定义不同类型的参考样本。同时，无论是监测数据由于环境变化发生了改变，还是发现了新的故障类型，只需要重新增加参考样本即可，无须对程序固件进行改动，该方法简单而有效。

6.3　基于动态时间规整的道岔曲线故障诊断实例

在微机监测系统中，部分生产厂家的系统可直接获得道岔每次动作点数据，还有部分生产厂家的系统只能获得图片，故本节以可直接获得道岔每次动作点数据为例。

本节选取正常曲线、启动电路断线曲线、道岔启动后突然停止转动曲线、道岔夹有异物曲线、转辙机定子转子混线曲线、自动开闭器动作不灵活曲线、转辙机启动延时曲线、锁闭电流超标曲线以及道岔动作电流呈锯齿状曲线来进行故障诊断，各类道岔动作电流曲线如图 6.3 所示，其中，时间和电流均通过归一化的方法放缩至 0～1，用于消除不同数据源带来的差异性。

任意选取一条待识别曲线，使用动态时间规整算法诊断此曲线类型，具体步骤如下。

(1) 在微机监测系统中采集道岔每次动作电流曲线。

(2) 将所获取的道岔曲线分类，可分为正常曲线和故障曲线，故障曲线可进

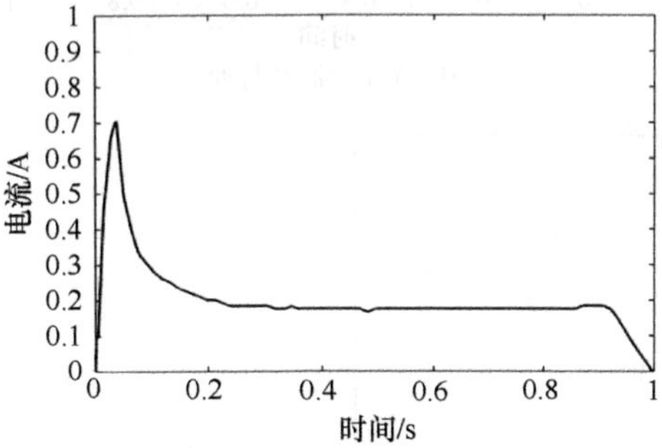

(a) 正常曲线

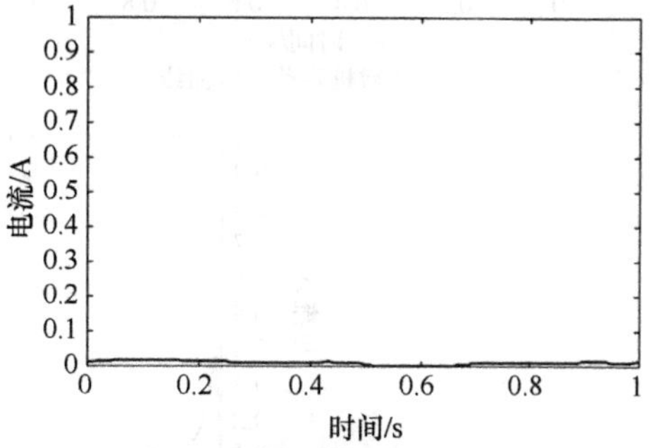

(b) 启动电路断线曲线

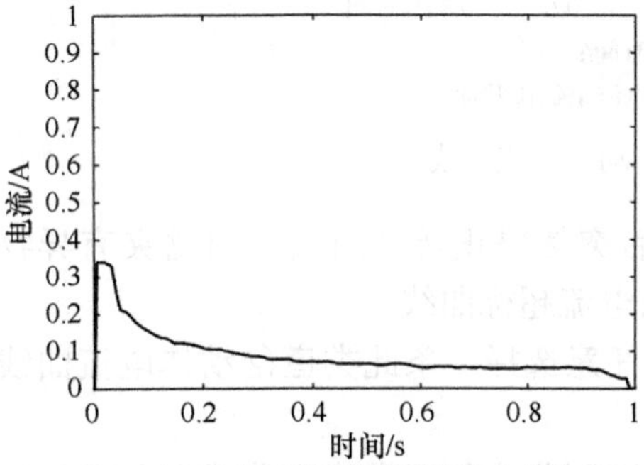

(c) 道岔启动后突然停止转动曲线

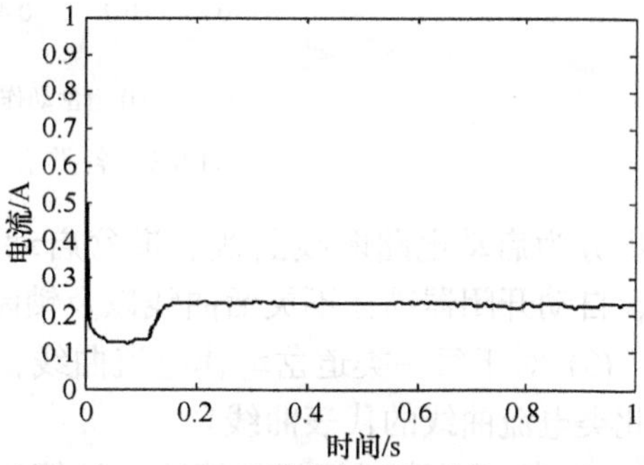

(d) 道岔夹有异物曲线

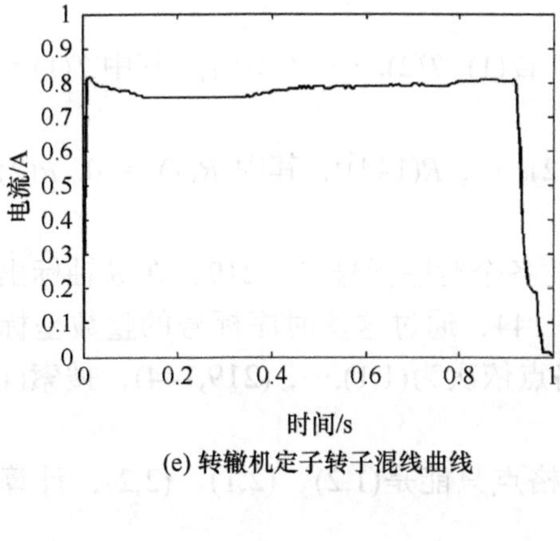

(e) 转辙机定子转子混线曲线

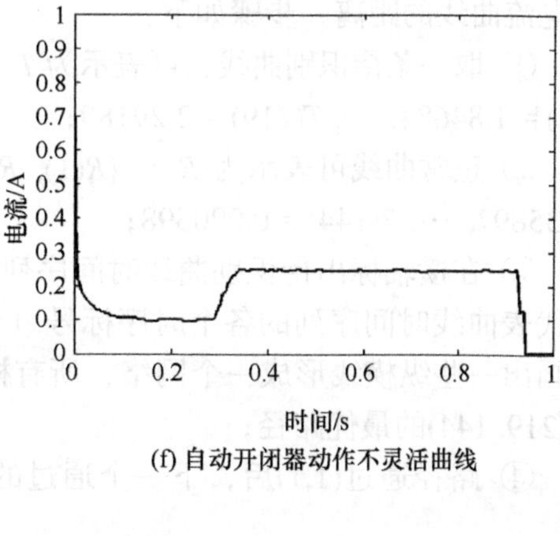

(f) 自动开闭器动作不灵活曲线

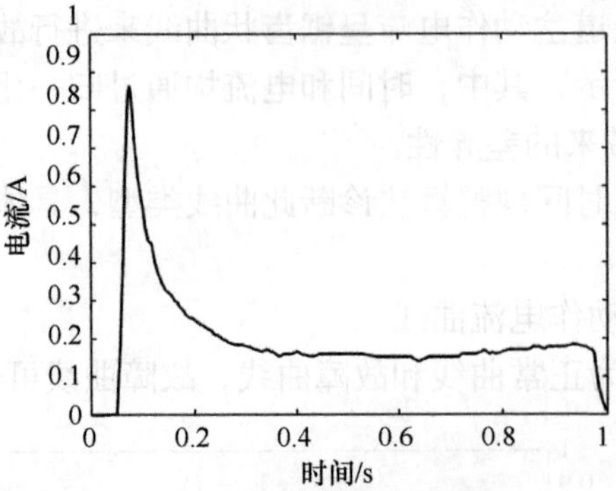

(g) 转辙机启动延时曲线

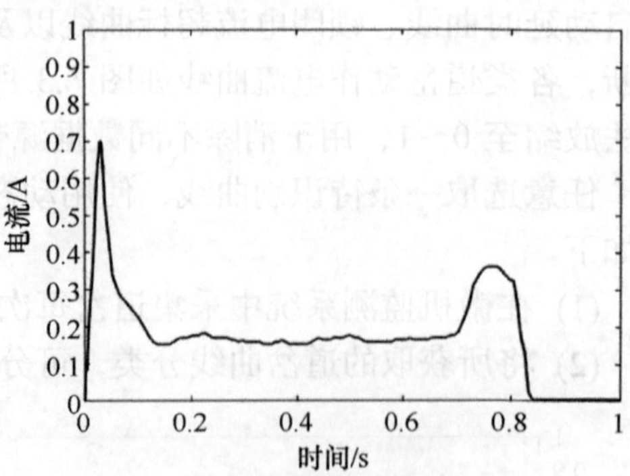

(h) 锁闭电流超标曲线

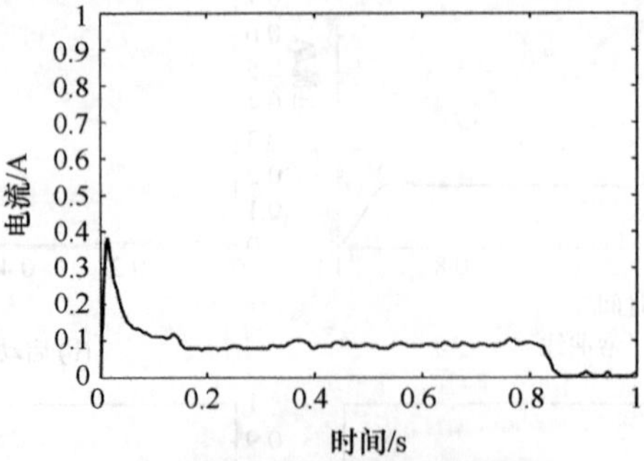

(i) 道岔动作电流呈锯齿状曲线

图 6.3　各类道岔动作电流曲线

一步分为启动电路断线曲线、道岔启动后突然停止转动曲线、道岔夹有异物曲线、自动开闭器动作不灵活曲线以及锁闭电流超标曲线。

(3) 对于每一类道岔动作电流曲线，任意选择一条此类道岔动作电流曲线作为此类电流曲线的代表曲线。

(4) 使用动态时间规整算法，计算待识别曲线与正常代表曲线和各类故障代表电流曲线的距离，步骤如下：

① 取一条待识别曲线，可表示为 $T = \{T(1), T(2), \cdots, T(219)\}$，其中 $T(1) = 0$，$T(2) = 1.84684$，…，$T(219) = 2.29189$；

② 正常曲线可表示为 $R = \{R(1), R(2), \cdots, R(144)\}$，其中 $R(1) = 0$，$R(2) = 5.435897$，…，$R(144) = 0.090598$；

③ 在横轴标出待识别曲线时间序列的各个时序标号 1～219，在纵轴标出正常代表曲线时间序列的各个时序标号 1～144，通过这些时序标号的整数坐标可以画出一些纵横线形成一个网络，所有格点依次为(1,1),…, (219,144)，搜索(1,1)到(219, 144)的最优路径；

④ 路径通过(1,1)后，下一个通过的格点只能是(1,2)、(2,1)、(2,2)，计算可

得(1, 1)到(219, 144)的最小累积距离为 85.78232；

⑤ 计算可得待识别曲线的时间序列 T 与正常曲线的时间序列 R 之间的欧氏距离为 0.28344；

⑥ 起点(1, 1)到终点(219, 144)的总累积距离为 86.06576。

计算待识别电流曲线与各类故障代表电流曲线的距离方法同上所述，所得待识别电流曲线与启动电路断线曲线、道岔启动后突然停止转动曲线、道岔夹有异物曲线、自动开闭器动作不灵活曲线以及锁闭电流超标曲线的距离分别为 886.71484、87.18578、1.00232、103.44763、140.06902。

(5) 对待识别电流曲线与正常曲线、各类故障代表电流曲线的距离分别取反为 0.01162、0.00112、0.01147、0.99769、0.00967、0.00714，待识别曲线与正常曲线、启动电路断线曲线、道岔启动后突然停止转动曲线、道岔夹有异物曲线、自动开闭器动作不灵活曲线以及锁闭电流超标曲线的相似度分别为 0.01162、0.00112、0.01147、0.99769、0.00967、0.00714。

(6) 比较待识别曲线与正常曲线和各类故障代表曲线的相似度，可得待识别曲线与道岔夹有异物曲线的相似度最高，则待识别曲线类型为道岔夹有异物曲线。

图 6.4 为此待识别曲线与各代表曲线的相似度直方图，由图可以看出，利用动态时间规整算法，计算待识别曲线与正常曲线和五种故障曲线的相似度，待识别曲线与道岔夹有异物曲线的相似度最高，故判断出待识别曲线的故障类型为道岔夹有异物。经验证，判断结果正确。

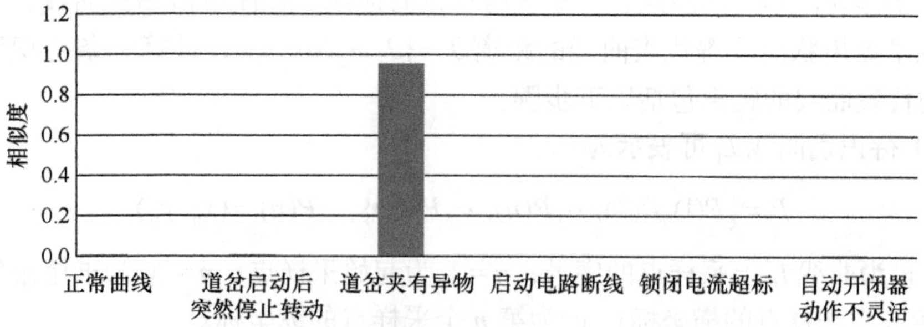

图 6.4　基于动态时间规整的道岔诊断结果示例

6.4　基于弗雷歇距离的道岔曲线故障诊断实例

若条件限制，只能获取道岔动作电流曲线的图片，则可使用下面所述方法对图像进行处理，再利用距离算法诊断道岔故障。

基于弗雷歇距离的道岔动作电流曲线故障诊断主要包括以下步骤。

(1) 采集道岔的每次动作电流曲线。

(2) 对所获得的曲线图片进行预处理，包括以下步骤：

① 取彩色道岔动作曲线图像中每个像素的 R、G、B 分量之间的均值作为该像素点的灰度值，将彩色道岔动作曲线图像变换为灰度图像；

② 设置一个阈值使得灰度值大于该阈值的像素点取值为 1，灰度值小于该阈值的像素点取值为 0，将灰度图像变换为二值图像；

③ 找出坐标轴所围成的目标区域，去除目标区域中游离孤立的像素点，并对曲线的边缘进行平滑处理，去除噪声；

④ 使每一个时刻对应一个值，其像素点取值为 0，对存在一列有多个像素点为 0 的情况进行细化处理；

⑤ 通过函数变换，提取曲线上各点坐标；

⑥ 将各点坐标按比例缩放，使各点横纵坐标在同一范围内，得到此曲线上各点坐标。

(3) 所获得的曲线分别为正常曲线、启动电路断线曲线、道岔启动后突然停止转动曲线、道岔夹有异物曲线、转辙机定子转子混线曲线、自动开闭器动作不灵活曲线、转辙机启动延时曲线、锁闭电流超标曲线以及道岔动作电流呈锯齿状曲线。对每一类道岔动作电流曲线(包括正常电流曲线与故障电流曲线)，分别选择一条特征最具代表性的曲线为此类曲线的代表曲线。

(4) 利用弗雷歇距离算法计算待识别曲线与正常曲线、启动电路断线曲线、道岔启动后突然停止转动曲线、道岔夹有异物曲线、转辙机定子转子混线曲线、自动开闭器动作不灵活曲线、转辙机启动延时曲线、锁闭电流超标曲线、道岔动作电流呈锯齿状曲线等代表曲线的距离 $J=\{J_1,J_2,\cdots,J_9\}$，计算一条待识别曲线与一类代表曲线的距离包括以下步骤：

① 待识别曲线 L_1 可表示为

$$P=\{P(1),P(2),\cdots,P(n),\cdots,P(N)\},\quad P(n)=(x_n,y_n) \tag{6.3}$$

其中，n 为曲线 L_1 上采样点的序号；$n=1$ 为起始采样点；$n=N$ 为末尾采样点；x_n 为第 n 个采样点的横坐标；y_n 为第 n 个采样点的纵坐标。

② 正常代表曲线或故障代表曲线 L_2 可表示为

$$P'=\{P'(1),P'(2),\cdots,P'(m),\cdots,P'(M)\},\quad P'(m)=(x'_m,y'_m) \tag{6.4}$$

其中，m 为曲线 L_2 上采样点的序号；$m=1$ 为起始采样点；$m=M$ 为末尾采样点；x'_m 为第 m 个采样点的横坐标；y'_m 为第 m 个采样点的纵坐标。

③ 计算 L_1 上各采样点到 L_2 上各采样点之间的距离，得到距离矩阵 D 为

$$D=\begin{bmatrix} d_{11} & \cdots & d_{1N} \\ \vdots & d_{mn} & \vdots \\ d_{M1} & \cdots & d_{MN} \end{bmatrix},\quad 1\leqslant m\leqslant M;1\leqslant n\leqslant N \tag{6.5}$$

其中，$d_{mn}=\sqrt{(x'_m-x_n)^2+(y'_m-y_n)^2}$ 为曲线 L_2 上第 m 个采样点到曲线 L_1 上第 n 个采样点的距离。

④ 选出距离矩阵 D 中的最大距离 $d_{\max}=\max(D)$ 以及最小距离 $d_{\min}=\min(D)$，初始化目标距离 $f=d_{\min}$，并设置循环间隔 $\text{res}=\dfrac{d_{\max}-d_{\min}}{100}$。

⑤ 将距离矩阵 D 中小于或等于 f 的元素设置为 1，大于 f 的元素设置为 0，从而得到二值矩阵 D' 为

$$D'=\begin{bmatrix} d'_{11} & \cdots & d'_{1N} \\ \vdots & d'_{mn} & \vdots \\ d'_{M1} & \cdots & d'_{MN} \end{bmatrix} \tag{6.6}$$

其中，

$$d'_{mn}=\begin{cases} 1, & d'_{mn}\leqslant f \\ 0, & d'_{mn}>f \end{cases},\quad 1\leqslant m\leqslant M;1\leqslant n\leqslant N \tag{6.7}$$

⑥ 在二值矩阵 D' 中搜索一条满足以下条件的路径：路径的起点为 d_{11}；路径的终点为 d_{MN}；路径在通过点 d'_{mn} 后，其下一个通过点只能为 $d'_{m+1,n}$、$d'_{m,n+1}$、$d'_{m+1,\,n+1}$ 中的一个；路径中所有点的值都必须为 1。

⑦ 若在步骤⑥中未找到满足条件的路径，则设置目标距离 $f=f+\text{res}$，然后重复步骤⑤和⑥；若在步骤⑥中找到满足条件的路径或者目标距离 $f=d_{\max}$，则进入下一步。

⑧ 待识别曲线与正常代表曲线或故障代表曲线之间的弗雷歇距离 $F=f$。

(5) 比较计算步骤(4)中所得距离 $J=\{J_1,J_2,\cdots,J_9\}$，若距离 J_1 最小，则此待识别曲线为正常曲线；若距离 J_2 最小，则此待识别曲线为启动电路断线曲线，以此类推，可判断出待识别曲线的类型。

基于弗雷歇距离的道岔诊断的流程如图 6.5 所示。

任意选取一条待识别电流曲线，使用弗雷歇距离算法诊断此曲线类型，具体步骤如下。

(1) 在微机监测系统中采集道岔每次动作电流曲线。

(2) 将所获取的道岔动作电流曲线分类，可分为正常曲线和故障曲线，故障

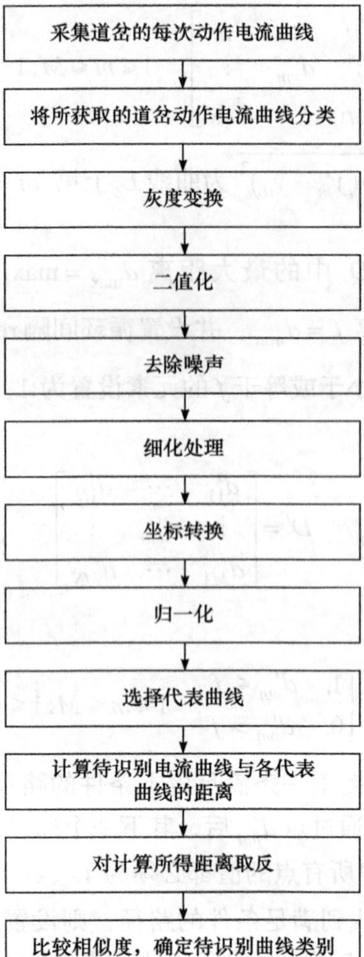

图 6.5　基于弗雷歇距离的道岔诊断技术路线

曲线可进一步分为启动电路断线曲线、道岔启动后突然停止转动曲线、道岔夹有异物曲线、转辙机定子转子混线曲线、自动开闭器动作不灵活曲线、转辙机启动延时曲线、锁闭电流超标曲线以及道岔动作电流呈锯齿状曲线。

(3) 取彩色道岔动作电流曲线图像中每个像素的 R、G、B 分量之间的均值作为该像素点的灰度值，将彩色道岔动作电流曲线图像变换为灰度图像。

(4) 设置一个阈值使得灰度值大于该阈值的像素点取值为 1，灰度值小于该阈值的像素点取值为 0，将灰度图像变换为二值图像。

(5) 找出坐标轴所围成的目标区域，去除目标区域中游离孤立的像素点，并对曲线的边缘进行平滑处理，去除噪声。

(6) 使每一个时刻对应一个值，其像素点取值为 0，对存在一列有多个像素点为 0 的情况进行细化处理。

(7) 通过函数变换，提取曲线上各点坐标。

(8) 将各点坐标按比例缩放，使各点横纵坐标在同一范围内。

(9) 对于每一类道岔动作电流曲线，任意选择一条此类道岔动作电流曲线为此类电流曲线的代表曲线。

(10) 基于弗雷歇距离算法，计算待识别电流曲线与正常曲线及各类故障代表电流曲线的距离。

① 取一条故障类型为道岔启动后突然停止转动曲线作为待识别曲线，L_1 可表示为 $P=\{P(1),P(2),\cdots,P(97)\}$，其中 $P(1)=(0,0), P(2)=(0.0104,1),\cdots,P(97)=(1,0.0061)$，$P(1)$ 为起始采样点，$P(97)$ 为末尾采样点。

② 以正常曲线作为代表曲线，L_2 可表示为 $P'=\{P'(1),P'(2),\cdots,P'(654)\}$，其中 $P'(1)=(0,0)$，$P'(2)=(0.0015,0.1372),\cdots,P'(654)=(1,0.0020)$，$P'(1)$ 为起始采样点，$P'(654)$ 为末尾采样点。

③ 计算 L_1 上各采样点到 L_2 上的各采样点之间的距离，得到距离矩阵 D 为

$$D=\begin{bmatrix}0 & \cdots & 0.9896\\ \vdots & d_{mn} & \vdots\\ 1 & \cdots & 0.0027\end{bmatrix},\quad 1\leqslant m\leqslant 654;1\leqslant n\leqslant 97 \tag{6.8}$$

其中，$d_{mn}=\sqrt{(x'_m-x_n)^2+(y'_m-y_n)^2}$ 为曲线 L_2 上第 m 个采样点到曲线 L_1 上第 n 个采样点的距离。

④ 找出距离矩阵 D 中的最大距离 $d_{\max}=\max(D)=1.4054$ 以及最小距离 $d_{\min}=\min(D)=0$，初始化目标距离 $f=d_{\min}=0$，并设置循环间隔 $\mathrm{res}=\dfrac{d_{\max}-d_{\min}}{100}=0.0141$。

⑤ 将距离矩阵 D 中小于或等于 f 的元素设置为 1，大于 f 的元素设置为 0，从而得到二值矩阵 D' 为

$$D'=\begin{bmatrix}1 & \cdots & 0\\ \vdots & d'_{mn} & \vdots\\ 0 & \cdots & 0\end{bmatrix},\quad 1\leqslant m\leqslant 654;1\leqslant n\leqslant 97 \tag{6.9}$$

⑥ 在二值矩阵 D' 中搜索一条满足以下条件的路径：路径的起点为 d'_{11}；路径的终点为 d'_{MN}；路径在通过点 d'_{mn} 后，其下一个通过点只能为 $d'_{m+1,n}$、$d'_{m,n+1}$、$d'_{m+1,n+1}$ 中的一个；路径中所有点的值都必须为 1。

⑦ 若在步骤⑥中未找到满足条件的路径，则设置目标距离 $f=f+\mathrm{res}=f+0.0141$，然后重复步骤⑤和⑥；若在步骤⑥中找到满足条件的路径或者目标

距离 $f = d_{\max}$，则进入下一步。

通过⑤～⑦三步的循环计算，在 $f = 0.5059$ 的条件下，找到一个满足条件的路径，然后跳出该循环进入步骤⑧。

⑧ 通过以上计算可以得到待识别曲线与正常曲线之间的离散弗雷歇距离 $F = f = 0.5059$，则待识别曲线与正常曲线的相似度 $S = \dfrac{1}{F} = 1.9767$。

通过相同的方法可以得到待识别曲线与道岔启动后突然停止转动曲线、转辙机定子转子混线曲线、道岔夹有异物曲线、启动电路断线曲线、锁闭电流超标曲线、道岔动作电流呈锯齿状曲线、转辙机启动延时曲线、自动开闭器动作不灵活曲线的弗雷歇距离和相似度，待识别曲线与道岔启动后突然停止转动曲线的相似度最高，即该待识别曲线的故障类型为道岔启动后突然停止转动。

图 6.6 是根据此待识别曲线与各代表曲线的相似度直方图，由图可以看出，基于弗雷歇距离算法，计算待识别曲线与正常曲线和八种故障曲线的相似度，待识别曲线与道岔启动后突然停止转动曲线相似度最高，故判断出待识别曲线的故障类型为道岔启动后突然停止转动。经验证，判断结果正确。

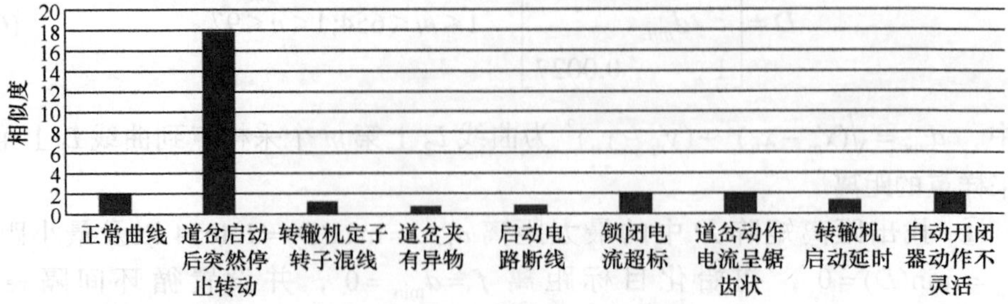

图 6.6　基于弗雷歇距离的道岔诊断结果示例

第 7 章 基于深度学习的道岔故障识别方法

本书的第 5 章和第 6 章提出了异常曲线识别方法以及基于距离的故障诊断方法。距离故障诊断仍然需要有正常曲线和故障曲线的模板，并且需要曲线的点数据。本章尝试将道岔曲线作为一张图片进行识别，并基于第 4 章仿真获取的道岔曲线实现无样本的道岔故障诊断。

7.1 基于卷积神经网络的道岔故障识别方法

根据道岔动作电流曲线的特点，对图像进行手动分类建立样本库；通过对训练集中的图像特征进行解析，搭建合适的卷积神经网络(convolutional neural network，CNN)模型并进行网络训练与验证，实现道岔故障的识别。利用 LeNet 模型对道岔的状态进行识别的流程如图 7.1 所示。

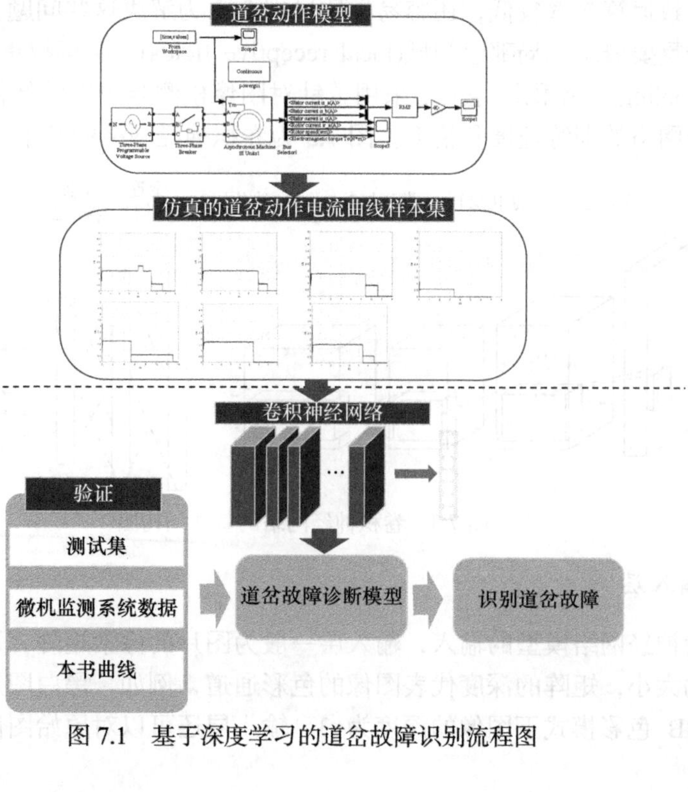

图 7.1 基于深度学习的道岔故障识别流程图

7.2 卷积神经网络

7.2.1 卷积神经网络概述

卷积神经网络是在多层神经网络的基础上发展起来的针对图像分类和识别而特别设计的一种深度学习方法。卷积神经网络的层级结构为输入层(input layer)、隐藏层(hidden layer)和输出层(output layer)，其中隐藏层包含卷积层(convolutional layer)、池化层(pooling layer)、全连接层(fully connected layer)等，其结构如图 7.2 所示。

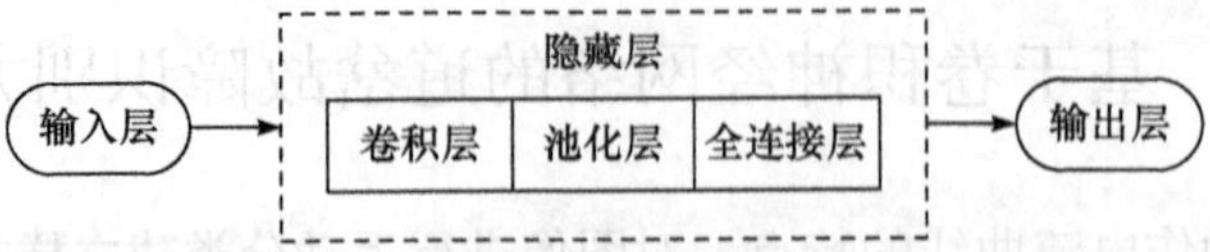

图 7.2 卷积神经网络的层级结构

卷积神经网络在图像分类数据集上有非常突出的表现，一般正常的图像信息过多，若使用全连接神经网络，则需要设置大量的权重系数 w 和偏差量 basic，这样会导致运算效率较低，还容易导致过拟合。为解决这些问题，卷积神经网络引入三个重要概念：局部感知域(local receptive fields)、共享权重(shared weights)和池化(pooling)。卷积神经网络采用了针对图像检测与识别的特征结构，提高了多层神经网络的训练速度和精度。图 7.3 为卷积神经网络的基本结构图。

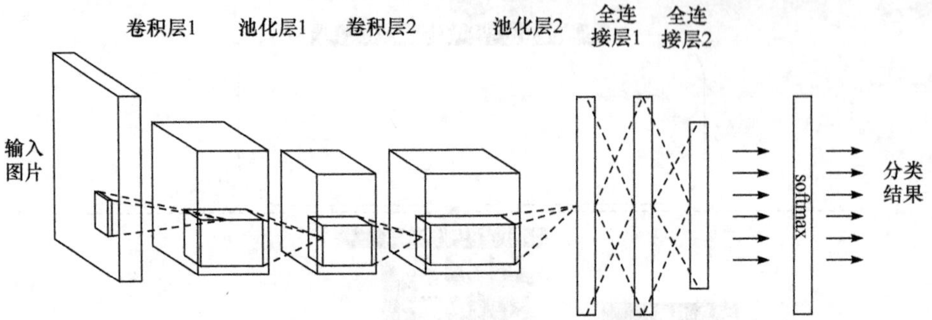

图 7.3 卷积神经网络的基本结构图

1. 输入层

作为神经网络模型的输入，输入层一般为图片的像素矩阵，矩阵的长和宽代表图像的大小，矩阵的深度代表图像的色彩通道，例如，黑白图片的深度为 1，而在 RGB 色彩模式下图像的深度为 3。输入层还可以对原始图像数据进行预处理，其中包括去值化、归一化、主成分分析(PCA)和白化等。

2. 卷积层

卷积层的功能是对输入数据进行特征提取，其内部包含多个卷积核(kernel)，组成卷积核的每个元素都对应一个权重系数 w 和一个偏差量 basic，类似一个前馈神经网络的神经元(neuron)。

假设使用 $w_{x,y,z}^{i}$ 表示对于输出单位节点矩阵中的第 i 个节点，过滤器输入节点 (x,y,z) 的权重，使用 b^i 表示第 i 个节点对应的偏置项参数，那么单位矩阵中的第 i 个节点的取值 $g(i)$ 为

$$g(i)=f\left(\sum_{x=1}^{2}\sum_{y=1}^{2}\sum_{z=1}^{3} a_{x,y,z}w_{x,y,z}^{i}+b^{i}\right) \tag{7.1}$$

其中，$a_{x,y,z}$ 为过滤器中节点 (x,y,z) 的取值；f 为激活函数。

卷积层内每个神经元都与前一层中位置接近区域的多个神经元相连，区域的大小取决于卷积核的大小。若输入层是尺寸为 32×32 的图像，局部感知域的大小为 5×5，则得到的第一个隐藏层的大小为 28×28。根据共享权重原则，第 j 个隐藏层中第 k 个神经元的输出为

$$\sigma\left(b+\sum_{l=0}^{4}\sum_{m=0}^{4}w_{l,m}a_{j+l,k+m}\right) \tag{7.2}$$

其中，σ 为神经元的激活函数(包括 Sigmoid 函数、tanh 函数和 ReLU 函数等)；b 为该感知域连接的共享偏差；$w_{l,m}$ 为 5×5 共享权重矩阵，因为这里有 26 个参数；$a_{j+l,k+m}$ 为在输入层的 $(j+l,k+m)$ 处的输入激励。

卷积层参数不仅包含卷积核大小，还包含步长和填充方式，三者共同决定卷积层输出特征图的尺寸，卷积层参数是卷积神经网络的超参数。其中，卷积核大小可以指定为小于输入图像尺寸的任意值，卷积核越大，可提取的输入特征越复杂。此外，特征个数即卷积核的个数决定输出结果的通道数。对于一个尺寸为 $I \times I$ 的正方形图片，卷积结果输出的图片尺寸 $(O \times O)$ 会受到卷积核尺寸、步长(stride)、边缘(padding)三个超参数的影响。其中，边缘超参数不同的值表示对输入图像尺寸的不同填充方式，主要有 SAME 和 VALID 两种方式，具体含义如表 7.1 所示。

表 7.1 边缘超参数含义表

边缘超参数值	填充方式	超参数含义
0	VALID	卷积过程中对图像像素不进行填充
1	SAME	对图像进行像素点填充，使得卷积之后的输出尺寸与输入尺寸一致

例如，对 32×32 的输入特征图进行卷积，采用的卷积核尺寸为 5×5，采用 VALID 填充方式，即边缘(padding) = 0，步长(stride) = 1，生成 28×28 的特征图。

3. 池化层

池化层神经网络不会改变三维矩阵的深度，但会改变矩阵的大小，可以进一步减少最后全连接层中节点的个数，进而减少整个神经网络的参数和过拟合情况。池化层夹在连续的卷积层中间，可以认为是将一张分辨率较高的图片转化为分辨率较低的图片的过程。

池化层选取池化区域由池化大小、步长和填充控制。常用的池化方法有最大池化(max-pooling)和均值池化(mean-pooling)。最大池化即取感知域中值最大的点，其卷积核的大小一般为 2×2。图中每个像素点的值是各个格子上面的数值，对这张 4×4 的图片进行池化，那么采用最大池化就是对这张 4×4 的图片分块，每块大小为 2×2，然后统计每块的最大值，作为采样后图片的像素值。例如，对于 4×4 的特征图，使用最大池化的效果如图 7.4 所示。

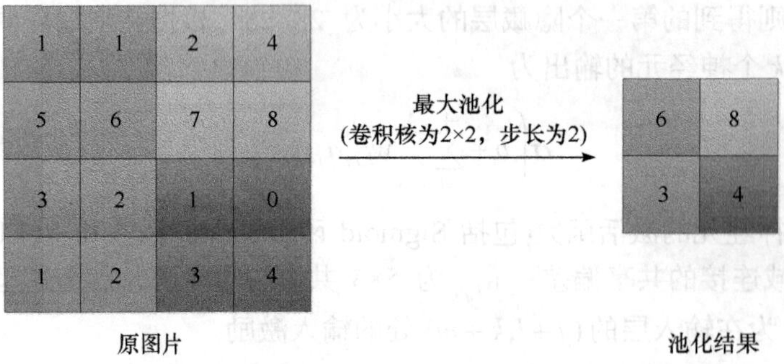

图 7.4　最大池化效果图

4. 全连接层

经过多轮卷积层和池化层的处理之后，完成了图像特征的自动提取，图像中的信息已经被抽象成信息含量更高的特征。在卷积神经网络模型的最后一般是由 1～2 个全连接层来完成分类任务。

5. 输出层

卷积神经网络中输出层的上游通常是全连接层，因此其结构和工作原理与传统前馈神经网络中的输出层相同。对于图像分类的问题，输出层使用逻辑函数或柔性最大传递函数(softmax function)输出分类标签。在物体识别(object detection)问题中，输出层可设计为输出物体的中心坐标、大小和分类等。

7.2.2 卷积神经网络经典网络算法

不同卷积神经网络模型的隐藏层中卷积层数、卷积参数、池化效果、激活函数等网络参数设置并不相同，也有着不同的训练精度和速度。随着机器学习技术的不断发展，基于反复实验的网络训练结果，逐渐出现了许多经典的 CNN 模型。

其中 Yann LeCun 在 1998 年发布了 LeNet 架构，用来进行手写字符的识别与分类，准确率达到了 98%，LeNet 奠定了现代卷积神经网络的基础。

AlexNet 是 Alex Krizhevsky 在 2012 年 ImageNet 比赛中提出的，这个网络是 LeNet 的一种更深更宽的版本，首次在 CNN 中成功使用了激活函数 ReLU、防过拟合 Dropout 模型和局部归一化(local response normalization，LRN)等关键点，也证明了卷积神经网络在复杂模型下的有效性。

2014 年提出的 VGGNet 将卷积层提升到卷积块的概念，每个卷积块由 2～3 个卷积层构成，使网络有更大感受野的同时能减少网络参数，同时多次使用 ReLU 激活函数，使其有更多的线性变换，学习能力更强。因此，VGGNet 的最大特点是“深”，应用较多的连续卷积层，计算量巨大。在 VGG16 的网络结构中共有 16 层，其中不包括池化和 softmax 图像分类部分，卷积核都使用 3×3 的大小，池化都使用大小为 2×2、步长为 2 的最大池化，卷积层深度依次为 64→28→256→512→12。

残差神经网络(ResNet)由微软研究院的何凯明等于 2015 年提出，在该网络中输入可以直接连接到输出，整个网络只需要学习残差，简化学习目标和难度，就可以实现训练 152 层超级深的卷积神经网络，并且效果非常突出。ResNet 的出现使得训练超级深的卷积神经网络成为可能，避免了不断加深神经网络、准确率达到饱和的现象。

每个经典的 CNN 模型都有其网络特色，有不同的训练精度和网络收敛速度，适用于不同复杂程度的图像检测与识别任务。此外，每个经典网络模型的网络参数都是经过反复训练与调整后设置的，尽可能地使网络结果达到最优。因此，这些经典网络模型都具有微调(fine-tuning)特性。

微调特性就是使用已用于其他目标、预训练好模型的网络参数作为初始值开始训练，根据网络训练效果进行参数调整。此外，不建议随机选取几个数作为权重初始值，因为从头开始训练卷积神经网络容易出现各种问题，采用微调方式可以很快收敛到一个较为理想的状态，效率和准确率很高。例如，可以在 AlexNet 经典网络 1000 类图像分类训练好的参数基础上，根据弓网电弧分类识别任务进行特定的微调。

7.3　道岔故障诊断模型

为了实现卷积神经网络的功能，本章采用 Keras 深度学习框架，并以 Theano 作为后端。Keras 实现卷积神经网络的代码十分简洁，而且 Keras 中的 callback 类提供对模型训练过程中变量的检测方法，能够根据检测变量的情况及时调整模型的学习效率和一些参数。在 Keras 框架下按照所采用的网络模型结构编写 Python 程序，并根据程序的运行结果调整网络参数，实现网络最优。

本章选用 LeNet 模型，该模型是一个 6 层网络结构，如图 7.5 所示。在 LeNet 模型中，每个卷积层包含卷积、池化和非线性激活函数三个主要部分，使用 5×5 卷积核提取图像特征，下采样层主要是进行池化，采用了平均池化的方法。

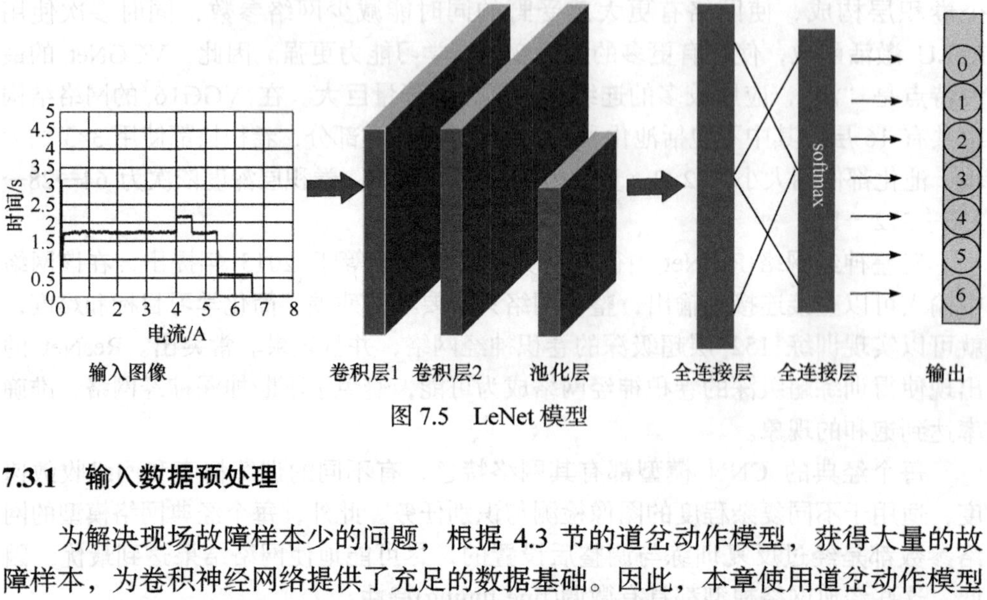

图 7.5　LeNet 模型

7.3.1　输入数据预处理

为解决现场故障样本少的问题，根据 4.3 节的道岔动作模型，获得大量的故障样本，为卷积神经网络提供了充足的数据基础。因此，本章使用道岔动作模型生成大量的六种故障曲线和正常曲线，选定常见的六类道岔故障，分别为电流突增、转换时间增长、“小尾巴”数值超标、两相小电流、“小尾巴”过长、无“小尾巴”，还有一类正常曲线；并将所有的样本分为两个部分，即 600 个测试样本和 1400 个训练样本。其中，1400 个训练样本进一步分为 1120 个训练集和 280 个验证集，按照电流突增、转换时间增长、“小尾巴”数值超标、两相小电流、“小尾巴”过长、无“小尾巴”、正常曲线的顺序分别打标签为 0、1、2、3、4、5、6，数量情况如表 7.2 所示。

表 7.2　网络训练样本和测试样本的分组情况　(单位：个)

类别	0	1	2	3	4	5	6	总计
训练集	160	160	160	160	160	160	160	1120
验证集	40	40	40	40	40	40	40	280
训练样本	200	200	200	200	200	200	200	1400
测试样本	85	85	85	85	85	85	90	600

7.3.2　模型训练过程

在卷积神经网络模型中，通过大量的输入与输出之间的映射关系训练，能够完成输入图像和网络检测与识别结果的一一对应关系。根据所建立的样本库图像信息和分类任务，选择同等复杂程度的经典网络模型，进而确定卷积核、连接层、激活函数等结构参数，采用微调方式将经典网络模型的参数值作为初始值开始训练，并根据每一波的训练结果对模型参数进行调整，不断提高网络精度，加快网络收敛速度，降低网络收敛值。网络训练过程如图 7.6 所示。

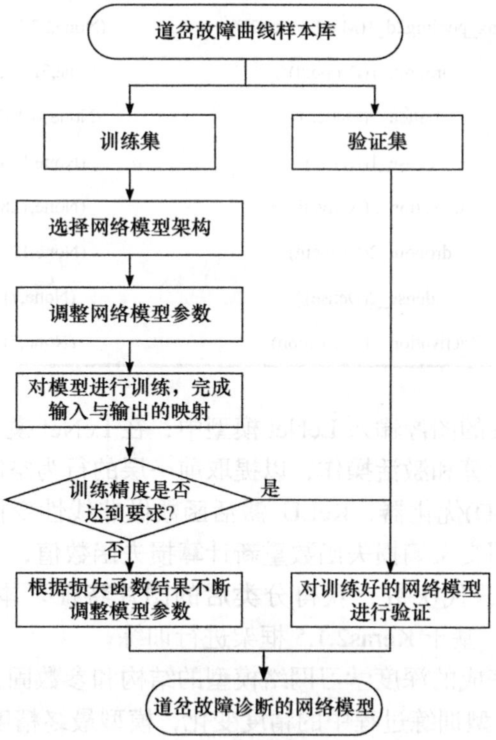

图 7.6　网络训练过程

首先，训练的网络包括两个卷积层、一个池化层、两个全连接层，如表 7.3 所示，首层是卷积层，接受 3×150×150 图像的输入，其中 150×150 是指输入图像的宽度与高度，3 是指图像为 RGB 通道。第一层有 30 个卷积核、大小为 7×7 的卷积层，其输出形状为 32×144×144 特征图；第二层是有 32 个卷积核、大小为 3×3 的卷积层，其输出形状为 32×142×142 特征图；第三层是卷积核大小为 2×2 的最大池化层，为了防止过拟合，在其后设置 Dropout 值为 0.25；第四、五层为全连接层，输出 903 维信息，得到分类概率结果；第四层全连接层后设置 Dropout 值为 0.5。

表 7.3 道岔故障识别模型结构图

	层	输出形状	参数个数
输入层	Input shape	(None,3,150,150)	0
卷积层 1	conv2d_1(Conv2D)	(None,32,144,144)	4736
激活层 1	activation_1(Activation)	(None,32,144,144)	0
卷积层 2	conv2d_2(Conv2D)	(None,32,142,142)	9248
激活层 2	activation_2(Activation)	(None,32,142,142)	0
池化层	max_pooling2d_1(MaxPooling2D)	(None,32,71,71)	0
丢弃层 1	dropout_1(Dropout)	(None,32,71,71)	0
平化层	flatten_1(Flatten)	(None,161312)	0
全连接层 1	dense_1(Dense)	(None,128)	20648064
激活层 3	activation_3(Activation)	(None,128)	0
丢弃层 2	dropout_2(Dropout)	(None,128)	0
全连接层 2	dense_2(Dense)	(None,7)	903
激活层 4	activation_4(Activation)	(None,7)	0

然后，将训练集的图像输入 LeNet 模型中，在 LeNet 模型中，后一层对前一层的输出进行卷积运算和激活操作，以提取前一层的行为空间特征。此外，通过随机梯度下降法(SGD)优化器，ReLU 激活函数做非线性变换，可以不断调整网络权重和偏置，使用交叉熵损失函数重新计算损失函数值，直至损失函数值趋于稳定或到达设定的迭代次数，获得分类后的图片特征。本实例设置批次数为 16，迭代次数为 10，基于 Keras2.1.5 框架进行训练。

最后，将训练完成的深度学习网络模型的结构和参数固化，得到道岔故障诊断模型。图 7.7 为模型训练过程中的精度变化，模型最终精度达到 99.80%。

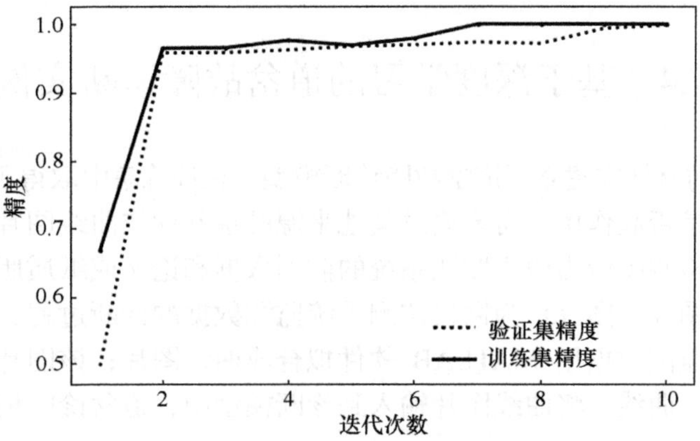

图 7.7　模型训练过程中精度变化

7.3.3　道岔故障诊断模型的验证

将训练集图像输入道岔故障诊断模型中，模型输出是概率数组，概率数组中的每一个元素值分别表示对应道岔故障的概率，识别结果的计算公式为

$$\text{Result} = \operatorname{argmax}(R_i), \quad i = 1,2,3,\cdots \tag{7.3}$$

其中，i 为道岔故障样本的编号；R_i 为每个图像的概率数组；argmax 函数用来找到对应于概率数组中最大概率的标签，并将标签作为道岔故障识别的结果。选择 600 张图片作为测试样本，表 7.4 为部分测试样本的识别结果。

表 7.4　测试样本的识别结果

标号	电流突增	转换时间增长	“小尾巴”数值超标	两相小电流	“小尾巴”过长	无“小尾巴”	正常曲线
1	1	4.10×10^{-11}	9.23×10^{-12}	3.22×10^{-11}	6.41×10^{-13}	1.14×10^{-14}	5.34×10^{-8}
2	9.99×10^{-1}	4.50×10^{-11}	6.55×10^{-12}	2.45×10^{-11}	4.16×10^{-13}	2.16×10^{-14}	6.36×10^{-8}
3	2.33×10^{-10}	1	1.15×10^{-14}	8.08×10^{-17}	9.59×10^{-14}	5.67×10^{-11}	1.62×10^{-8}
4	7.40×10^{-21}	1.76×10^{-27}	1	7.50×10^{-26}	2.75×10^{-27}	8.39×10^{-30}	6.99×10^{-20}
5	3.07×10^{-19}	4.68×10^{-26}	1.17×10^{-23}	1	1.63×10^{-19}	7.73×10^{-29}	9.50×10^{-23}
6	1.53×10^{-22}	5.89×10^{-26}	3.74×10^{-26}	2.01×10^{-17}	1	1.43×10^{-28}	1.45×10^{-19}
7	6.70×10^{-14}	3.30×10^{-10}	1.16×10^{-17}	8.70×10^{-17}	1.08×10^{-13}	9.99×10^{-1}	2.20×10^{-7}
8	9.30×10^{-11}	1.03×10^{-12}	7.60×10^{-17}	2.65×10^{-16}	3.98×10^{-12}	2.08×10^{-13}	1

在标号 1～8 中，对应的类别分别为电流突增、转换时间增长、“小尾巴”数值超标、两相小电流、“小尾巴”过长、无“小尾巴”、正常曲线；并且经过人工核验，在 600 张图片中，只有两个发生误报。该网络的准确率达到 99.7%，与训练结果一致。

7.4 基于深度学习的道岔故障诊断实例

本章基于仿真样本建立了道岔故障诊断模型，在训练集中取得了较好的效果。现实中的样本是否起作用，需要通过其他来源的道岔动作曲线图片进一步验证。

输入的待检测图像为微机监测系统的监测数据和论文或纸质版报告中的道岔动作电流曲线图片。图 7.8 为微机监测系统监测数据的诊断过程，将从微机监测系统中获得的监测数据用 MATLAB 软件拟合成曲线图片；该图片包含正常曲线与无“小尾巴”曲线，将曲线图片输入到诊断模型中，道岔诊断模型正确识别两类曲线。

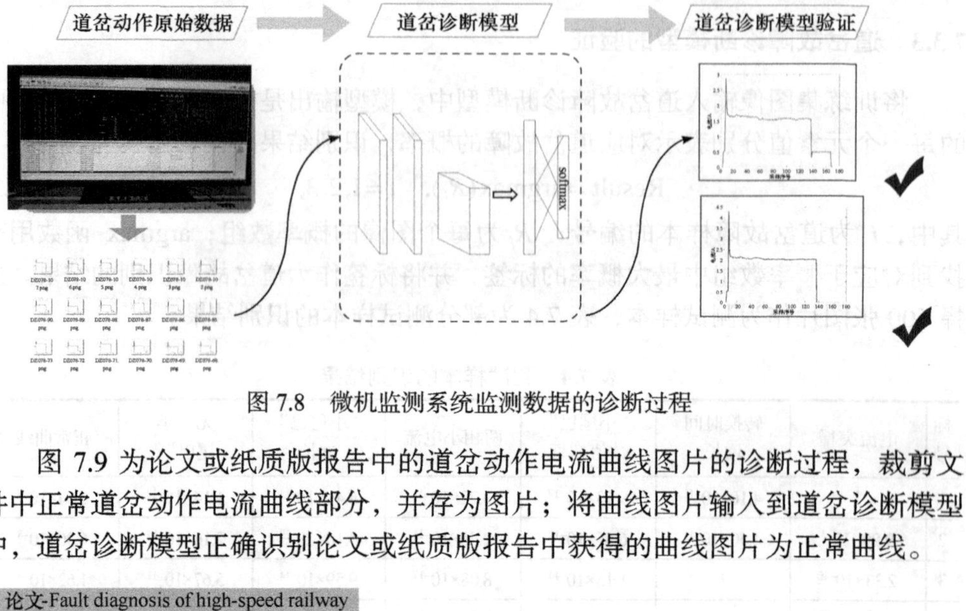

图 7.8　微机监测系统监测数据的诊断过程

图 7.9 为论文或纸质版报告中的道岔动作电流曲线图片的诊断过程，裁剪文件中正常道岔动作电流曲线部分，并存为图片；将曲线图片输入到道岔诊断模型中，道岔诊断模型正确识别论文或纸质版报告中获得的曲线图片为正常曲线。

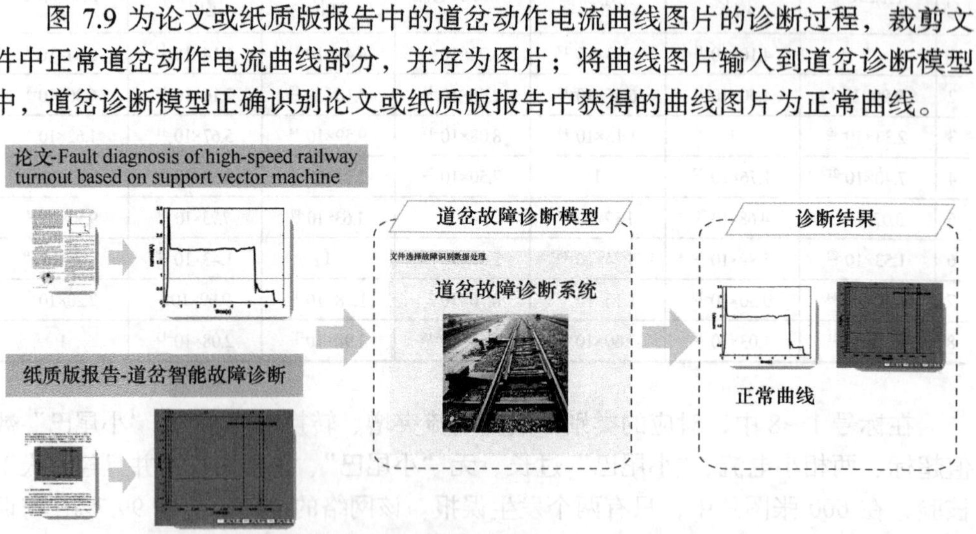

图 7.9　论文或纸质版报告中的道岔动作电流曲线图片的诊断过程

第 8 章　道岔曲线模式的自动聚类研究

本书第 6 章和第 7 章提出了基于距离的道岔故障诊断方法和基于卷积神经网络的道岔故障诊断方法，这些方法都属于有监督学习，必须要提前获知故障的类型。而由于道岔的故障种类非常多，经常会有一些新的故障类型出现，对于这一类新的故障，现有方法很难进行诊断。本章对道岔曲线模式的自动聚类进行相关研究，通过自动聚类，可以不需要道岔曲线模板等先验知识，直接对道岔曲线进行聚类，从而有效解决上述问题。

8.1　道岔曲线的自动聚类方法

8.1.1　聚类概念

聚类分析既是数学研究中一种非常重要的方法，也是模式识别领域的一个重要方向。根据某一种准则，聚类分析能够把一些原本彼此区别很小的数据点分割成若干个集合，把相似的数据点放在同一组中，把差别很大的数据点放在不同的组中。作为一种重要的分类方法，它已经广泛应用于图像识别、图像分割等方面。最初，聚类分析实际上只是一种硬划分，它只能简单地把一些样本点依据某种规则进行划分，从而得到相应的结果。而在实际应用中，情况要复杂得多，主要体现在面对的研究对象大多数都是一些非常相似的样本，显然这时候使用软划分更具有合理性。这时，模糊集理论的产生给人们的研究带来了有利的条件和奠定了相应的理论基础，于是人们开始用模糊的方法来解决实际生活中的相关聚类问题，最后将该方法称为模糊聚类分析。

8.1.2　聚类方法分类

聚类方法主要分为以下几类。

1. 划分方法

在聚类分析中，划分是最基本、最简单的一种方法。划分方法是在数据集上进行一层划分，典型的基本划分方法采取互斥的簇划分，即每个对象必须恰好属于一个簇。常见的划分方法有 K 均值、K 中心点算法等。

划分方法具有以下特点：对于球形互斥的簇效果较好，划分标准是基于距离的，可以用均值或中心点等代表簇中心，对中小规模数据集有效。

2. *层次方法*

层次方法是创建给定数据对象集的层次分解。该方法可以是基于距离、基于密度或连通性，它的缺陷是一旦一个步骤完成，就不能被撤销。常见的层次方法有凝聚与分裂的层次聚类、综合层次聚类(BIRCH)、变色龙(Chameleon)聚类等。

层次方法具有以下特点：聚类是一个层次分解(多层)，不能纠结错误合并或划分，可以集成其他技术。

3. *基于密度的方法*

基于密度的方法只要“邻域”中的密度(对象或数据点的数目)超过某个阈值，就继续增长给定的簇，簇是对象空间中被低密度区域分隔的稠密区域。这种方法可以用来过滤噪声或离散点，发现任意形状的簇。常见的基于密度的方法有DBSCAN(基于密度的噪声应用空间聚类)、OPTICS(对应排序识别聚类)、DENCLUE(基于密度的聚类)等。

基于密度的方法具有以下特点：可以发现任意形状的簇，可能过滤离散点。

4. *基于网格的方法*

基于网格的方法是把对象空间量化为有限个单元，形成一个网格结构，所有的聚类操作都是在这个网格结构上进行的。常见的基于网格的方法有 STING(统计信息网格算法)、CLIQUE(发现簇算法)等。

基于网格的方法具有以下特点：使用一种多分辨率网格的数据结构进行聚类，处理速度独立于数据对象数量，但依赖于网格大小。

8.2　FCM 聚类算法

基于目标函数的模糊聚类算法在实际中的应用最为普遍，这种方法的核心思想就是把相关的聚类问题变成一个数学问题进行求解，利用数学工具求得最终的模糊划分。该方法具有实用性较强、易于操作等优点，且易于在机器上运行实现。因此，随着相关领域技术的不断发展进步，模糊聚类算法的研究变得越来越普遍、重要。

模糊 C 均值(fuzzy C-means，FCM)聚类算法是用隶属度确定每个数据点属于某个聚类程度的一种聚类算法。它是在硬 C 均值聚类算法的基础上，将隶属度矩阵进行推广，使样本不再确切属于某一类，而是以概率的形式反映样本从属某一类的程度，体现了“模糊”的特性。

FCM 聚类算法的基本思想是以目标函数为核心，通过不断地更新聚类中心和隶属度矩阵，使得目标函数达到最小值，然后根据最大隶属度原则实现数据分类，此时聚类效果最佳。

8.2.1　相关概念

隶属度表示一个对象 x 隶属于集合 A 的程度，取值范围为[0, 1]。

模糊矩阵 $U=[u_{ij}]$ 表示第 $j(j = 1, 2,\cdots, n)$ 个数据点属于第 $i(i = 1, 2,\cdots, c)$ 类的隶属度。u_{ij} 需满足条件：$\sum_{i=1}^{c} u_{ij}=1, j = 1, 2,\cdots, n$。该条件的含义为一个样本属于所有类的隶属度之和为 1。

定义目标函数为

$$J_m(U,V)=\sum_{j=1}^{n}\sum_{i=1}^{c} u_{ij}^m d_{ij}^2(x_j,c_i) \tag{8.1}$$

其中，n 为样本数；c 为聚类中心数；m 为加权指数；d_{ij} 为样本点和聚类中心的欧氏距离。

该目标函数表示所有相应样本的隶属度与该样本到各个聚类中心的距离的乘积之和。通常，m 的值取 2。

式(8.1)需要满足的约束条件为

$$\begin{cases} \sum_{i=1}^{c} u_{ij}=1, & j=1,2,\cdots,n \\ 0 \leqslant u_{ij} \leqslant 1, & i=1,2,\cdots,c \\ 0<\sum_{j=1}^{n} u_{ij}<n, & i=1,2,\cdots,c \end{cases} \tag{8.2}$$

为了求取目标函数的最小值，采用拉格朗日乘数法将式(8.2)代入式(8.1)，再求偏导转换得

$$c_i=\frac{\sum_{j=1}^{n} u_{ij}^m x_j}{\sum_{j=1}^{n} u_{ij}^m} \tag{8.3}$$

$$u_{ij}=\frac{1}{\sum_{k=1}^{c}\left(\frac{d_{ij}}{d_{kj}}\right)^{\frac{2}{m-1}}} \tag{8.4}$$

其中，式(8.3)为聚类中心 c_i 的求解公式；式(8.4)为模糊矩阵 U 的求解公式。

8.2.2 FCM 聚类算法的步骤

FCM 聚类算法步骤如下：

(1) 确定本次聚类的聚类数目、初始化模糊指标(m 的取值)及聚类中心；

(2) 建立模糊相似矩阵、初始化隶属矩阵；

(3) 迭代计算，直至目标函数计算到极小值；

(4) 由最后计算得到的隶属度矩阵决定样本属于哪一类，最后显示聚类结果。

图 8.1 为 FCM 聚类算法流程图。

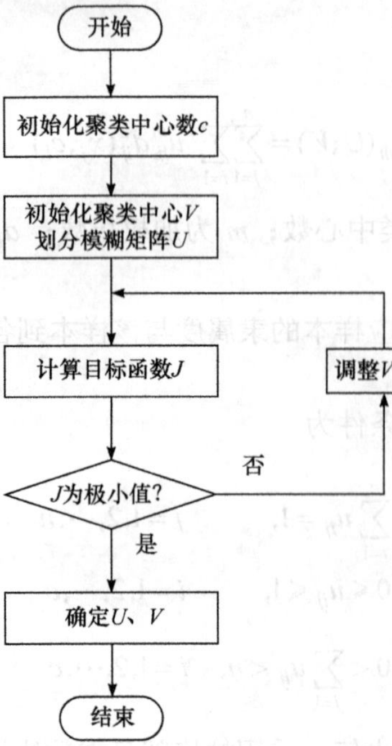

图 8.1　FCM 聚类算法流程图

8.3　道岔故障曲线的自动聚类实例

本书选择 ZD6 型道岔动作电流曲线作为实例数据。通过观察 ZD6 型转辙机动作电流曲线，可以识别转辙机的动作转换过程。ZD6 型转辙机属于直流转辙机，这类转辙机的特征为：电动机转动阻力越大，电流和转矩越大；电动机转动阻力越小，电流和转矩越小。ZD6 型转辙机的动作过程一般划分为四个阶段：解锁、转换、锁闭、1DQJ 缓放。

图 8.2 为 ZD6 型道岔正常动作电流曲线。第一阶段 T_0～T_1 为解锁阶段，解锁时电动机动作电流很大，所以动作电流曲线急速上升，曲线十分陡峭，之后完成解锁，动作电流曲线快速下降；第二阶段 T_1～T_2 为转换阶段，道岔平稳转换，相应地，动作电流曲线也较为平缓；第三阶段 T_2～T_3 为锁闭阶段，该阶段道岔动作所受阻力中等，道岔动作电流曲线下降也较为平稳，当完成锁闭阶段后，动作电流曲线值迅速降为 0；第四阶段 T_3～T_4 为 1DQJ 缓放阶段。

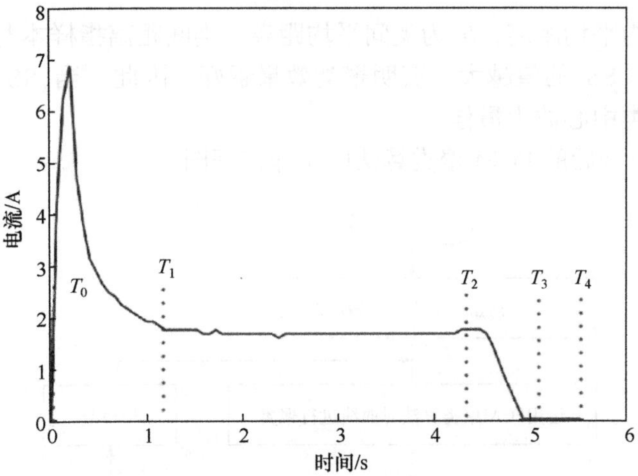

图 8.2　ZD6 型道岔正常动作电流曲线

8.3.1　数据预处理

数据预处理主要分为数据归一化和数据降维两部分。

道岔的每次动作时间不同，所以道岔动作电流曲线长短也有所不同，并且每条曲线包含上百个数据点，从而导致较大的数据维度和较差的聚类结果。首先，对原始数据进行归一化处理，以使每条曲线包含相同数量的数据点数，具体步骤如下。

(1) 确定数据归一化后的数据点数。

(2) 对于本身数据点数大于指定数据点数的数据，通过压缩数据的方法将其转化，压缩方式为相邻两数依次取平均值，逐个压缩；对于本身数据点数小于指定数据点数的数据，直接在数据最后补零直至指定数据点数。

(3) 将每条曲线数据与该曲线平均值相减。

然后，采用 PCA 算法对归一化处理后的数据进行降维处理。PCA 算法是设法将原来众多具有一定相关性的指标(如 P 个指标)，重新组合成一组新的互相无关的综合指标来代替原来指标的一种统计方法。

8.3.2　改进的 FCM 聚类算法

基础的 FCM 聚类算法无法自动确定聚类的种类数，为了解决该问题，本书采用所有簇的平均轮廓系数(the mean silhouette coefficient of all samples，简称 SS)来评估算法的聚类效果，进而改进 FCM 聚类算法。SS 的计算公式如下：

$$\mathrm{SS}=\frac{b-a}{\max(a,b)} \tag{8.5}$$

其中，a 为类内平均距离；b 为类间平均距离。类间距离指样本与其最邻近的类别之间的距离。SS 的值越大，表明聚类效果越好。因此，当 SS 值达到最大值时，相应的聚类中心数为最佳。

图 8.3 为改进后的 FCM 聚类算法的工作流程图。

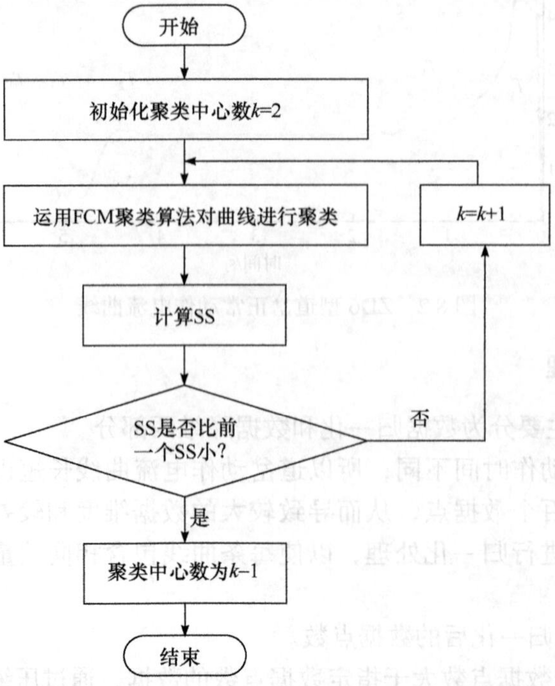

图 8.3　改进后的 FCM 聚类算法的工作流程图

8.3.3　案例计算结果

1. 数据预处理

首先，分别对各条道岔动作电流曲线进行数据预处理，将所有电流曲线都归一化为 200 个数据点，并使用 PCA 算法将其降到四维。整个数据预处理过程如图 8.4 所示。

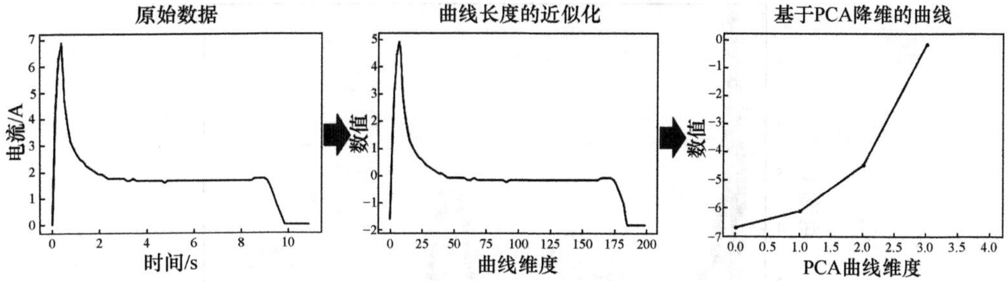

图 8.4　数据预处理过程示意图

2. 改进的 FCM 聚类算法计算结果

运行改进的 FCM 聚类算法来寻找最佳的聚类中心数，如图 8.5 所示，当 k 变为 5 时，SS 首次下降，因此最佳聚类中心数为 4。

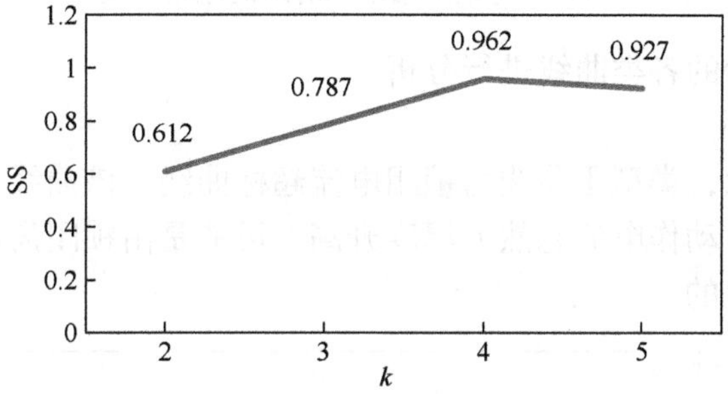

图 8.5　FCM 聚类算法计算结果的 SS 系数

图 8.6 为聚类后的道岔故障诊断结果，与聚类结果相对应的原始曲线如图 8.7 所示。

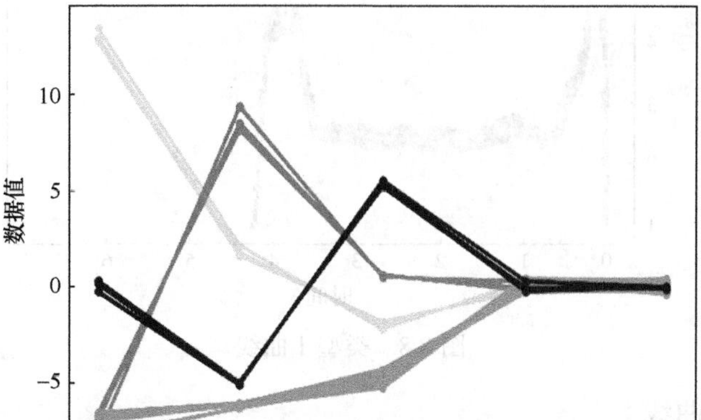

图 8.6　聚类后的道岔故障诊断结果

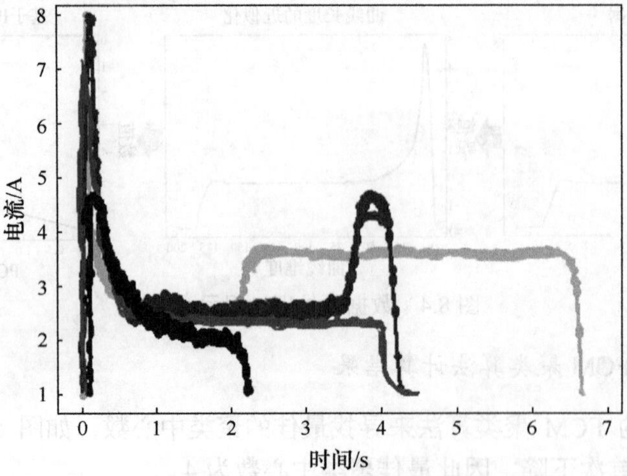

图 8.7　与聚类结果相对应的原始曲线

下面对聚类后的各类曲线进行分析。

1) 类型Ⅰ曲线

如图 8.8 所示，类型Ⅰ曲线为锁闭电流超标曲线。该曲线在第三阶段，也就是道岔锁闭阶段，动作电流忽然大幅度升高，可能是由锁闭齿轮、齿条块及齿条块的毡垫缺油造成的。

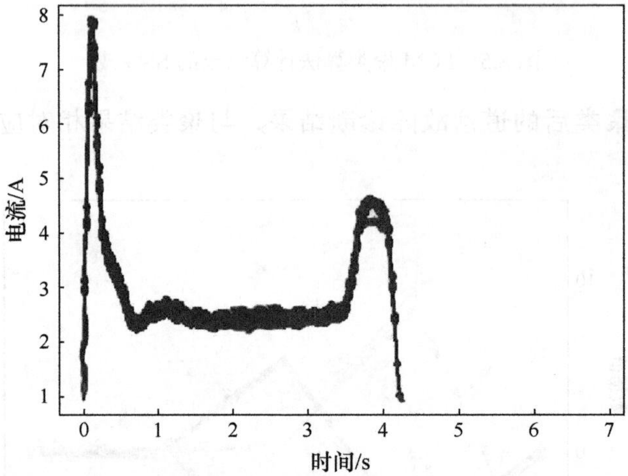

图 8.8　类型Ⅰ曲线

2) 类型Ⅱ曲线

如图 8.9 所示，类型Ⅱ曲线为自动开闭器动作不灵活曲线。该曲线是道岔转辙过程正常、道岔已转到底、机械已锁闭，但启动接点断不开而形成的曲线。该曲线的锁闭线比较长、动作电流比较大，可能是自动开闭器的拐轴、自动开闭速动爪轴及连接板轴等动作不灵活造成的。

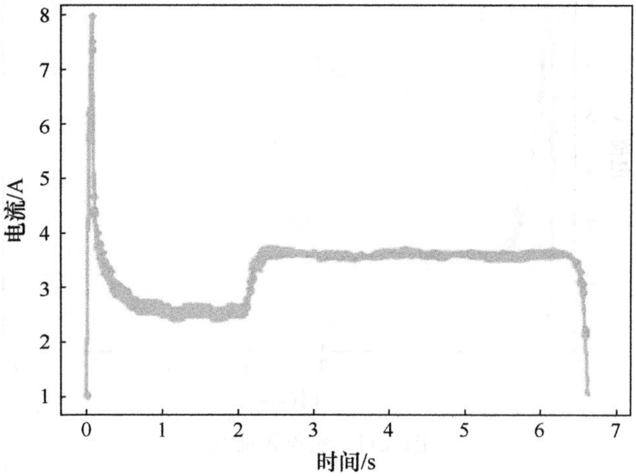

图 8.9　类型Ⅱ曲线

3) 类型Ⅲ曲线

如图 8.10 所示，类型Ⅲ曲线为道岔启动后突然停止转动曲线。该曲线的道岔动作转换时间非常短，只有正常道岔动作时间的几分之一；另外，它还有一个十分突出的特点，就是没有锁闭线。

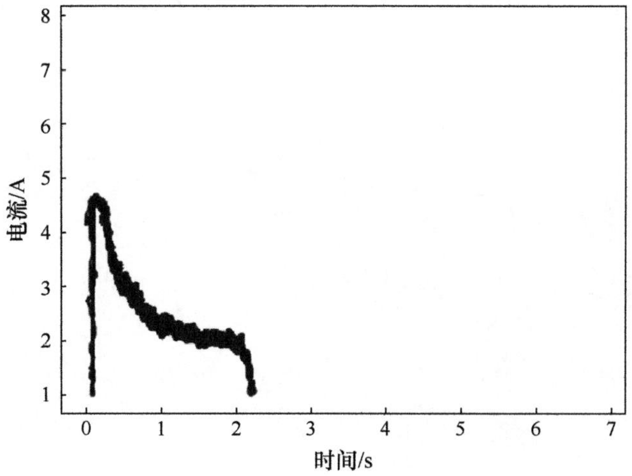

图 8.10　类型Ⅲ曲线

4) 类型Ⅳ曲线

如图 8.11 所示，类型Ⅳ曲线为道岔的正常电流曲线。

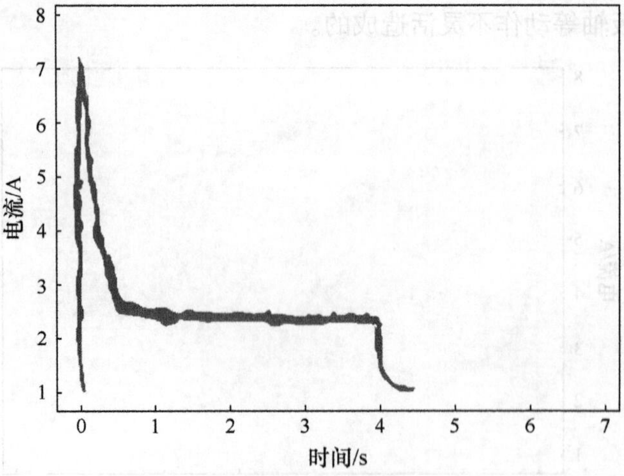

图 8.11　类型Ⅳ曲线

由上述结果可以发现道岔曲线自动聚类方法的优点，该方法中使用的道岔故障曲线样本不需要事先分类，属于无监督学习。通过这种方法，不仅可以合理地实现道岔故障的分类和诊断，而且可以识别新的故障类型。该方法解决了现有技术中，通过人工经验确定正常转辙机动作曲线模板和故障转辙机动作曲线类型模板导致转辙机故障漏报和误报的问题。

第 9 章　道岔动作曲线预测方法

本书提出了多种方法来实现道岔的故障诊断，通过输入待识别动作曲线可以自动获取道岔当前的故障类型，从而为道岔的维修提供指导意见。目前铁路部门为防止事故发生，安排专业人员定期检查并维修道岔，需要大量的人力和物力，若能够预测道岔故障的发生，则能从根本上革新道岔维修的模式。道岔故障需要一定的时间累积，在故障之前会有一定的“征兆”，也一定会体现在道岔的动作曲线上，因此本章尝试基于道岔的历史动作曲线来预测道岔的未来动作曲线，进而预测道岔未来的状态。根据预测模型的输入选取，道岔动作曲线预测方法分为基于道岔曲线特征的预测方法和基于曲线点的预测方法。

9.1　基于道岔曲线特征的预测方法

本节提出基于道岔曲线特征的预测方法，其步骤如图 9.1 所示。

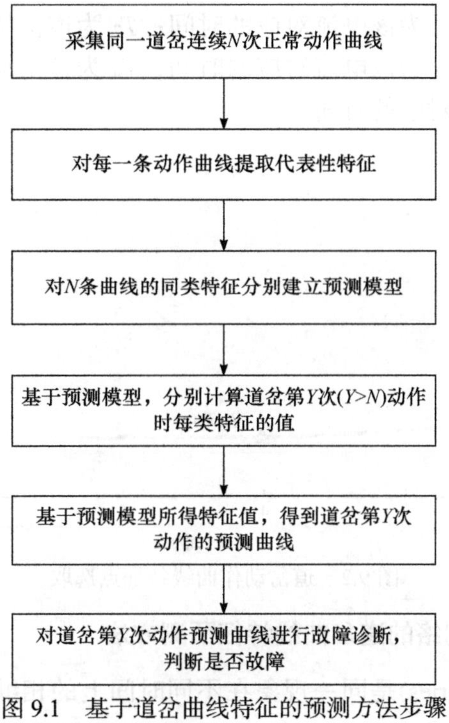

图 9.1　基于道岔曲线特征的预测方法步骤

基于道岔曲线特征的预测方法步骤主要包括：采集同一道岔连续 N 次正常动作曲线；对每一条动作曲线提取代表性特征；对 N 条曲线的同类特征分别建立预测模型；基于预测模型，分别计算道岔第 Y 次($Y>N$)动作时每类特征的值；基于预测模型所得特征值，得到道岔第 Y 次动作的预测曲线；对道岔第 Y 次动作预测曲线进行故障诊断，判断是否故障。通过此方法可预测道岔下一阶段工作状态，为维修决策优化提供借鉴，实现道岔全生命周期管理与故障早期预防，减少道岔事故率，提高系统可靠性，保证行车安全。

9.1.1　道岔动作曲线采集及代表特征选取

首先，采集同一道岔连续 N 次正常动作曲线。该曲线为从微机监测系统中提取的，也可为纸质文件中的道岔动作曲线数据或图像，其中采集同一道岔连续 N 次正常动作曲线的方式包括通过道岔动作电流数据或图像、道岔动作功率曲线数据或图像。具体步骤为：首先从微机监测系统中提取同一道岔连续 M 次($M>N$)动作曲线；其次去除故障曲线，保留正常曲线；最后按照时间顺序将曲线标记为曲线 1，曲线 2，曲线 3，…，曲线 N。

然后，对每一条动作曲线提取代表性特征，具体为提取 10 类特征，如图 9.2 所示。T_1 为道岔解锁阶段的电流最大值，T_2 为该电流对应的时间；T_3 为道岔解锁阶段电流回落过程中的电流最小值，T_4 为该电流对应的时间；T_5 为道岔转换阶段的电流中数值，T_6 为该电流对应的时间；T_7 为道岔从转换阶段进入锁闭阶段时刻对应的电流，T_8 为该电流对应的时间；T_9 为道岔动作结束点，此时电流降为零，T_{10} 为该电流对应的时间。

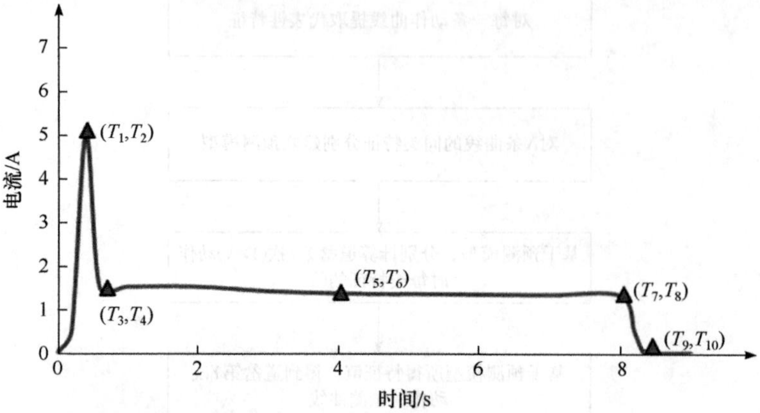

图 9.2　道岔动作曲线特征点选取

9.1.2　基于 BP 神经网络的道岔曲线特征预测方法

时间序列(time series)是同一现象在不同时间上的相继观察值排列而成的序

列。根据观察时间的不同，时间序列中的时间可以是年份、季度、月份或其他任何时间形式。通过对连续 N 条道岔动作曲线的特征点进行提取，可以得到每个特征点的值连续变化的过程。根据每个特征原始数值的时间序列变化过程，进而可对每个特征变化进行预测。

BP(back propagation，反向传播)神经网络算法通过样本数据的训练，不断修正网络权值和阈值使误差函数沿负梯度方向下降，逼近期望输出。它是一种应用较为广泛的神经网络模型，多用于函数逼近、模型识别分类、数据压缩和时间序列预测等。BP 神经网络由输入层、隐含层和输出层组成，隐含层可以有一层或多层。隐含层的层数+输出层的层数=神经网络的层数，即神经网络的层数不包括输入层。图 9.3 是一个三层的 BP 神经网络，包含了两层隐含层、一层输出层。其中，第一层隐含层的节点数为 3，第二层隐含层的节点数为 2，输出层的节点数为 1；输入层为样本的两个特征 x_1、x_2。

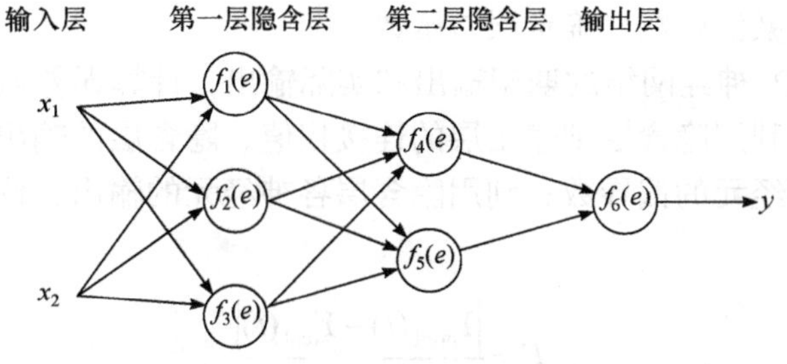

图 9.3　三层 BP 神经网络示意图

在神经网络中，每一个节点都与上一层的所有节点相连，称为全连接。神经网络的上一层输出的数据是下一层的输入数据。在图 9.4 所示的单个神经元中，原始的输入数据通过第一层隐含层的计算得出的输出数据，会传到第二层隐含层，而第二层的输出数据，又会作为输出层的输入数据。神经网络中的每一层(除了输入层)都由神经元组成，也称为节点。每一个神经元都相当于一个感知器，如图 9.4 所示。

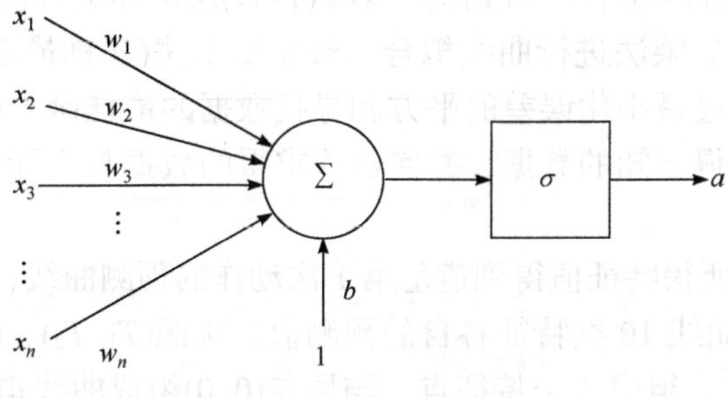

图 9.4　单个神经元

在神经网络中，每个节点都将计算出特征矩阵 X 与权值矩阵的加权和，得到净输入 e，然后通过激活函数 $f(e)$得到该节点的输出 y。在图 9.3 中，每条连线都可以看成一个权值。

在本节的道岔故障预测方法中，对 N 条曲线的同类特征分别建立预测模型，所选取的预测模型为 BP 神经网络，具体步骤如下。

(1) 利用式(9.1)分别对道岔 N 次正常动作曲线每类特征的数据进行归一化处理：

$$x_k = (x_k - x_{\min})/(x_{\max} - x_{\min}) \tag{9.1}$$

其中，$x_{\min}$ 为数据序列中的最小数；$x_{\max}$ 为数据序列中的最大数。

(2) 分别选取每类特征的值作为模型输入样本。

(3) 构建三层 BP 神经网络模型，确定输入层、隐含层及输出层神经元个数。

(4) 给各连接权值分别赋值，确定目标误差、学习率以及训练次数，确定隐含层与输出层的激活函数，确定误差函数。

(5) 根据 BP 神经网络的期望输出和实际输出，计算误差函数对输出层的各神经元偏导数；利用隐含层到输出层的连接权值、隐含层的输出，计算误差函数对隐含层的各神经元的偏导数；利用隐含层各神经元的输出，修正连接权值，计算相对误差：

$$E = \frac{\left|Y_{\text{pred}}(t) - Y_{\text{real}}(t)\right|}{Y_{\text{real}}(t)} \tag{9.2}$$

其中，$Y_{\text{pred}}(t)$ 为 BP 神经网络输出值；$Y_{\text{real}}(t)$ 为 BP 神经网络实际值。

(6) 当误差达到预设精度或训练次数大于设定最大次数时，此次预测结束，得到特征的预测值，否则重复步骤(4)～(6)。

9.1.3　基于最小二乘法的道岔预测曲线的拟合

基于道岔曲线特征点的预测模型可获得特征点各自的预测值，根据预测值可采用拟合函数进行曲线拟合，得到道岔第 $Y(Y>N)$次动作的预测曲线。

本节采取最小二乘法进行曲线拟合。最小二乘法(又称最小平方法)是一种数学优化技术，它通过最小化误差的平方和寻找数据的最佳函数匹配。利用最小二乘法可以简便地求得未知的数据，并使这些求得的数据与实际数据之间的误差平方和为最小。

基于预测模型所得特征值得到道岔第 Y 次动作的预测曲线，具体步骤如下：

(1) 基于道岔曲线 10 类特征各自的预测值，按照(T_1, T_2)、(T_3, T_4)、(T_5, T_6)、(T_7, T_8)、(T_9, T_{10})方式组成 5 个特征点，与原点(0, 0)组成曲线拟合的基础点；

(2) 基于最小二乘法原理，采用拟合函数进行曲线拟合，得到道岔第 Y 次动作的预测曲线。

9.1.4　道岔预测曲线的故障诊断

基于最小二乘法对道岔预测曲线进行拟合后，进一步对道岔第 Y 次动作进行预测，得到第 Y 次的道岔动作曲线，然后可采用本书中第 6～8 章的方法对预测的曲线进行故障诊断。

9.1.5　基于道岔曲线特征的预测方法实例分析

依据本章的基于道岔曲线特征的预测方法的技术路线，获取道岔动作曲线数据，对其进行验证与分析，具体操作流程如下。

(1) 从微机监测系统中采集同一道岔连续多次动作电流曲线，去除故障曲线，保留正常曲线，按照时间顺序将多组曲线标记为曲线 1，曲线 2，曲线 3，…，曲线 1000。

(2) 图 9.2 为第 100 条道岔动作正常电流曲线，对该动作曲线提取 10 个代表性特征并得到其相应的值，依次对另外 999 条道岔动作正常电流曲线进行特征提取，最后获得的特征数据如式(9.3)所示(其中 N=1000)：

$$\begin{cases} \text{曲线1：} T_{1,1}, T_{1,2}, \cdots, T_{1,10} \\ \text{曲线2：} T_{2,1}, T_{2,2}, \cdots, T_{2,10} \\ \qquad \vdots \\ \text{曲线}N\text{：} T_{N,1}, T_{N,2}, \cdots, T_{N,10} \end{cases} \tag{9.3}$$

(3) 基于 BP 神经网络对所提取的 10 个曲线特征分别建立预测模型，以道岔曲线 T_7 为例建立预测模型，具体步骤如下。

① 对曲线特征 T_7 所对应的 1000 个特征值进行归一化处理，并作为模型输入样本。

② 构建三层 BP 神经网络模型，设定输入层神经元个数为 10，隐含层神经元个数为 8，输出层神经元个数为 1。

③ 对各连接权值赋值，均为 0.5，目标误差设为 0.0001，学习效率设为 0.01，网络训练次数设为 10000 次。

④ 隐含层的激活函数采用 tan-Sigmoid 传递函数，输出层的激活函数采用线性传递函数，误差函数为

$$E = \frac{1}{2}\sum_{k=1}^{S_2}(t_k - a_k)^2 \tag{9.4}$$

⑤ 根据 BP 神经网络的期望输出和实际输出，计算误差函数对输出层的各神经元的偏导数；利用隐含层到输出层的连接权值、隐含层的输出，计算误差函数对隐含层的各神经元的偏导数；利用隐含层各神经元的输出，修正连接权值，利用式(9.2)计算相对误差。

⑥ 计算相对误差为 0.032664，此时训练次数大于 10000，模型预测结束。

⑦ 获得道岔第 1001 次动作时特征 T_7 的预测值为 1.587，预测结果如图 9.5 所示。

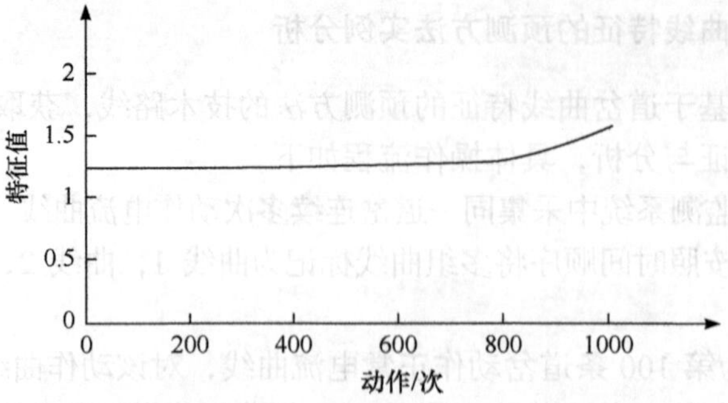

图 9.5　道岔第 1001 次动作时特征 T_7 预测曲线

⑧ 重复步骤①～⑦，依次获得道岔第 1001 次动作时其他 9 个特征的预测值，10 个特征的预测值分别为 4.732、0.4、1.506、1.1、1.323、4.1、1.587、6.9、0、8.8。

(4) 根据所获得的道岔第 1001 次动作时 10 个特征的预测值，按照(T_1, T_2)、(T_3, T_4)、(T_5, T_6)、(T_7, T_8)、(T_9, T_{10})方式组成 5 个特征点，与原点(0, 0)组成曲线拟合的基础点；基于最小二乘法原理，采用多项式拟合函数进行曲线拟合，根据拟合结果不断调整拟合函数中多项式次数的值，选取最佳的拟合结果，得到道岔第 1001 次动作的预测曲线，如图 9.6 所示。

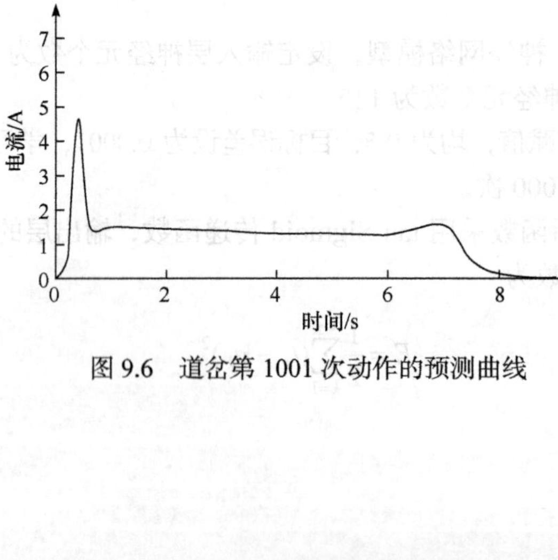

图 9.6　道岔第 1001 次动作的预测曲线

(5) 按照步骤(3)和(4)，依次预测得到第 1100 次的预测曲线，如图 9.7 所示。

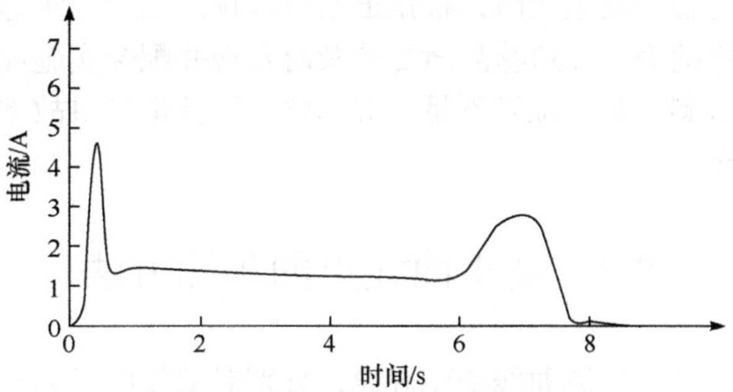

图 9.7　道岔第 1100 次动作的预测曲线

(6) 选择道岔正常动作第 1 条电流曲线为模板曲线，设定预测曲线与模板曲线总累积距离的阈值为 35。

(7) 采用动态时间规整算法计算道岔动作第 1001 次预测曲线与道岔正常动作第 1 条电流曲线的总累积距离，步骤如下：

① 取道岔动作第 1001 次预测曲线，可表示为 $T=\{T(1), T(2),\cdots, T(116)\}$，其中 $T(1)=0, T(2)=0.4325,\cdots, T(116)=0.09189$；

② 道岔正常动作第 1 条电流曲线可表示为 $R=\{R(1), R(2),\cdots, R(214)\}$，其中 $R(1)=0, R(2)=0.22356,\cdots, R(214)=0.01029$；

③ 在横轴标出道岔动作第 1001 次预测曲线时间序列的各个时序标号 1～116，在纵轴标出模板曲线时间序列的各个时序标号 1～214，通过这些时序标号的整数坐标可以画出一些纵横线形成一个网络，所有格点依次为(1, 1),…, (116, 214)，搜索(1, 1)到(116, 214)的最优路径；

④ 路径通过(1, 1)后，下一个通过的格点只能是(1, 2)、(2, 1)、(2, 2)，计算可得(1, 1)到(116, 214)的最小累积距离为 17.7823；

⑤ 计算可得待识别曲线时间序列 T 与正常代表曲线时间序列 R 之间的欧氏距离为 1.2834；

⑥ 起点(1, 1)到终点(116, 214)的总累积距离为 13.0657，道岔第 1001 次动作预测曲线与模板曲线的总累积距离为 18.0657。

(8) 采用与步骤(7)同样的方法，计算得到道岔第 1001 次动作预测曲线与模板曲线的总累积距离为 94.6732。

(9) 道岔第 1001 次动作预测曲线与模板曲线的总累积距离小于阈值，预测道岔第 1001 次动作不发生故障；道岔第 1100 次预测曲线与模板曲线的总累积距离大于阈值，预测道岔第 1100 次动作会发生故障。

综上所述，本节提出的道岔全生命周期预测方法的有益效果在于，基于道岔动作曲线以及故障信息等历史数据，采用科学方法预测道岔下一阶段工作状态及剩余寿命，判断是否会发生故障，根据道岔故障预测结果为维修决策优化提供借鉴，合理调整维修间隔，在道岔故障之前及时发现并配合实施相应的维修保障措施，减少“维修过剩”和“维修不足”等问题，降低道岔事故率，提高系统可靠性，保证行车安全。

9.2 基于曲线点的预测方法

本节根据道岔动作电流曲线变化规律，分别对动作曲线的每个点进行预测，再将点拟合成曲线。根据曲线点的预测算法，提出了基于自回归滑动平均(auto regressive moving average，ARMA)模型、基于支持向量机(support vector machine，SVM)的道岔故障预测方法，并对比分析各方法性能。

9.2.1 预测所用数据说明及预测效果评价指标

现有微机监测系统通过电流和电压传感器以 40ms 为间隔采集道岔动作时的电压和电流，进而形成道岔动作曲线，用来监测道岔的状态。本节以 S700K 型电动转辙机为例，利用某铁路局的监测数据，根据道岔三相电流曲线，预测道岔下一次动作电流曲线。

经现场调研发现，微机监测系统中的道岔动作数据只保存一个月，即 2017 年 12 月 12 日至 2018 年 1 月 12 日期间 508 个道岔的动作电流曲线。此曲线为.dat 格式的文件，将这些.dat 格式的文件转换为表格的格式，解析出道岔每次动作时的电流。解析后发现，有 11 个道岔发生了电流突增故障。本节利用这 11 个道岔的动作电流曲线进行预测，统一编号为 1～11 号，每个道岔的样本量如表 9.1 所示。

表 9.1　11 个道岔的样本量

道岔号	1	2	3	4	5	6	7	8	9	10	11
曲线数量	251	129	128	251	38	20	21	32	243	119	83

在电流突增故障中，电流值在中间平缓阶段突然增大，然后恢复到原来的大小，原因可能是转辙机卡阻或尖轨移动过程中某处卡阻，即摩擦力变大，使得中间电流变大。发生电流突增故障时，卡阻处可能之前已有少量铁锈，使得道岔电流小幅度增加，未造成道岔故障，也就没有维修。过一段时间仍未处理，铁锈面积逐渐增大，道岔电流逐渐增加。因此，作者认为，在电流小幅度增加，即出现少量铁锈时，可根据道岔电流变化预测出即将发生电流突增故

障，完成道岔状态的预测。现场数据中的道岔随机故障较多，如挤岔、夹有异物、失去表示等故障，且无规律可循，可预测故障较少，故本节以一种电流突增故障为例进行预测。

基于 ARMA 模型、基于 SVM 的道岔故障预测方法在时间序列预测方面有重要作用，考虑到其特点，本节将三相道岔动作电流曲线分为三类，即分别对 A 相、B 相、C 相三条道岔动作电流曲线进行预测。

获得预测结果后，为体现预测曲线与实际曲线的差值，评价预测准确性，本节使用以下指标分析预测曲线。其中，$Y_{\text{pred}}(t)$ 为预测值，$Y_{\text{real}}(t)$ 为实际值，N 为预测值或实际值的数目。

(1) 平均绝对误差(mean absolute error，MAE)是实际值与预测值误差的绝对值的平均值，如式(9.5)所示，可避免误差抵消，准确反映预测误差大小：

$$\text{MAE} = \frac{1}{N}\sum_{t=1}^{N}\left|Y_{\text{pred}}(t) - Y_{\text{real}}(t)\right| \tag{9.5}$$

(2) 均方误差(mean square error，MSE)是实际值与预测值误差的平方和的平均值，如式(9.6)所示，反映了预测结果精度的大小：

$$\text{MSE} = \frac{1}{N}\sum_{t=1}^{N}\left[Y_{\text{pred}}(t) - Y_{\text{real}}(t)\right]^2 \tag{9.6}$$

(3) 均方根误差(root mean square error，RMSE)是实际值与预测值均方误差的算术平方根，如式(9.7)所示，反映了预测值与实际值之间的误差：

$$\text{RMSE} = \sqrt{\frac{1}{N}\sum_{t=1}^{N}\left[Y_{\text{pred}}(t) - Y_{\text{real}}(t)\right]^2} \tag{9.7}$$

(4) 平均绝对百分比误差(mean absolute percentage error，MAPE)是相对误差的平均值，如式(9.8)所示，反映了预测值与实际值之间的差别。MAPE 值越小，预测效果越好：

$$\text{MAPE} = \frac{1}{N}\sum_{t=1}^{N}\left|\frac{Y_{\text{pred}}(t) - Y_{\text{real}}(t)}{Y_{\text{real}}(t)}\right| \tag{9.8}$$

(5) 归一化均方误差(normalized mean square error，NMSE)如式(9.9)所示，反映了预测结果的精度大小：

$$\text{NMSE} = 10\lg\left\{\frac{\sum_{t=1}^{N}\left[Y_{\text{pred}}(t) - Y_{\text{real}}(t)\right]^2}{\sum_{t=1}^{N}Y_{\text{real}}(t)}\right\} \tag{9.9}$$

S700K 型电动转辙机每动作一次，就产生三相电流曲线。本节对三相电流曲线分别预测，得到三条电流曲线后分别计算某项误差指标，例如，分别计算三相电流曲线的平均绝对误差 MAE_1、MAE_2、MAE_3，再计算三个平均绝对误差的平均数，以该平均数说明此次三条预测曲线的精度，如式(9.10)所示：

$$\mathrm{MAE}=\frac{\mathrm{MAE}_1+\mathrm{MAE}_2+\mathrm{MAE}_3}{3} \tag{9.10}$$

9.2.2 基于 ARMA 模型的道岔动作曲线预测方法

基于 ARMA 模型的道岔动作曲线预测方法在分析时间序列数据中起着重要作用。ARMA 模型只能分析平稳的时间序列，若时间序列不平稳，则需要处理成平稳的时间序列后才可使用，ARMA 模型的自协方差函数可较好地估计渐近收敛为零的自协方差函数。此外，ARMA 模型的线性结构简化了线性预测方法。本节将简要介绍 ARMA 模型及其特征。

若时间序列 $\{X_t\}$ 是平稳时间序列，则满足

$$X_t+\sum_{i=1}^{p}a_iX_{t-i}=Z_t+\sum_{j=1}^{q}b_jZ_{t-j} \tag{9.11}$$

ARMA 模型可用于分析此时间数列。$\{Z_t\}$ 为白噪声过程，代表一系列不相关的随机变量，每个变量都有零均值和方差 σ_Z^2，这种过程用 $\{Z_t\}\sim\mathrm{WN}(0,\sigma_Z^2)$ 表示。正整数 p 和 q 表示建立 ARMA 模型过程的顺序，实值序列 $\{a_1,a_2,\cdots,a_p\}$ 及 $\{b_1,b_2,\cdots,b_q\}$ 为模型的参数。若 q=0，时间序列 $\{X_t\}$ 自回归过程的滞后阶数为 p，则自回归模型 AR(p) 为

$$X_t=-\sum_{i=1}^{p}a_iX_{t-i}+Z_t \tag{9.12}$$

若 $p=0$，移动平均过程的滞后阶数为 q，则移动平均模型 MA(q) 为

$$X_t=\sum_{j=1}^{q}b_jZ_{t-j}+Z_t \tag{9.13}$$

式(9.11)可简化为

$$A_p(r)X_t=B_q(r)Z_t \tag{9.14}$$

$A_p(r)$ 和 $B_q(r)$ 是 p 和 q 的特征多项式，分别为

$$A_p(r)=1+a_1r+\cdots+a_pr^p \tag{9.15}$$

$$B_q(r)=1+b_1r+\cdots+b_qr^q \tag{9.16}$$

式(9.15)和式(9.16)中，r 为后移参数，定义为

$$r^s X_t = X_{t-s} \tag{9.17}$$

其中，任意的 $s \in \mathbf{Z}$。若式(9.14)存在唯一的解，当且仅当 $A_p(r) \neq 0$，所有 $r \in \mathbf{C}$ 且 $|r|=1$。当 $A_p(r) \neq 0$ 或 $B_q(r) \neq 0$（$r \in \mathbf{C}$ 且 $|r| \leqslant 1$)时，ARMA(p, q)过程中 $\{X_t\}$ 可逆。这表明 $A_p(r)$ 或 $B_q(r)$ 严格位于复数域中的单位圆之外。

序列 $\{X_t\}$ 与 $\{Z_t\}$ 有因果性和可逆性。若 ARMA(p,q)中 $\{X_t\}$ 满足式(9.14)，其中，$B_q(r) \neq 0$ 且 $|r| \leqslant 1$，则总是可以找到多项式 $A_p(r)$ 和 $B_q(r)$ 及 WN 序列 $\{Z_t^*\}$ 为

$$A_p(r) X_t = B_q(r) Z_t^* \tag{9.18}$$

表明 ARMA(p, q)过程的因果性和可逆性。

整合移动平均自回归(autoregressive integrated moving average，ARIMA)模型比 ARMA 模型更加具有普适性，包含各种非平稳时间序列。若 k 为正整数，差分过程 $(1-r)^k Y_t$ (r 为后移参数，$(1-r)^k = V^k$ 为 k 次差分)是有因果性的 ARMA(p, q)过程，则时间序列 $\{Y_t\}$ 为 ARIMA(p, d, q)过程。此定义表明 $\{Y_t\}$ 满足差分方程：

$$A_p^*(r) Y_t = A_p(r)(1-r)^k Y_t = B_q(r) Z_t, \quad \{Y_t\} \sim \mathrm{WN}(0, \sigma_Z^2) \tag{9.19}$$

ARMA 模型适用于平稳时间序列，而 ARIMA 模型可用于非平稳时间序列，故先需要判断时间序列是否平稳，再决定使用 ARMA 模型或 ARIMA 模型。建立预测模型的流程如图 9.8 所示。选取时间序列后，首先判断序列平稳性，若时间序列平稳，则应用 ARMA 模型；若不平稳，则应用 ARIMA 模型，将数据做平稳化处理，即进行 d 阶差分，直到序列平稳后使用 ARMA 模型。对于 ARMA 模型，根据时间序列确定阶数 p、q 的值及相关参数估计，使得模型具有较好的预测效果。接着对模型进行检验，若不符合所定标准，则重新定阶及参数估计；若符合所定标准，则利用此 ARMA 模型进行预测。若预测结果误差在可接受的范围，则输出预测结果；反之，对 ARMA 模型重新定阶。

以 1 号道岔中每条 A 相动作电流曲线中的第 20 个点的值为例，如图 9.9 所示。由图可知，1 号道岔中 244 条曲线第 20 个点的电流均在 1.79A 上下浮动，且浮动范围较小，无明显上升或下降趋势，认为此曲线为平稳时间序列，故此序列采用 ARMA 模型。若为不平稳序列，将此序列进行 d 阶差分，使不平稳序列变为平稳序列，则可继续使用 ARMA 模型。

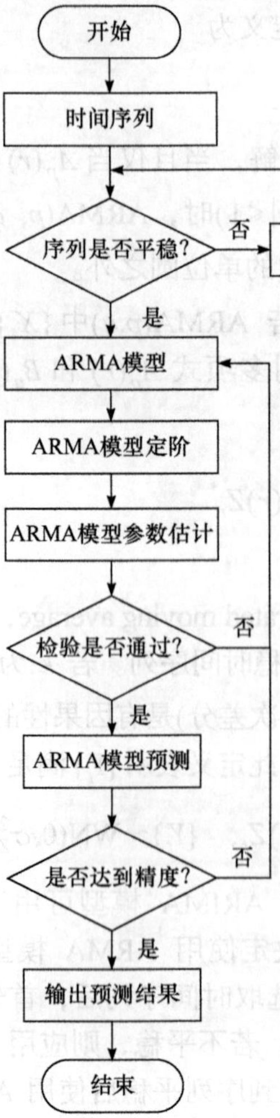

图 9.8　预测模型流程图

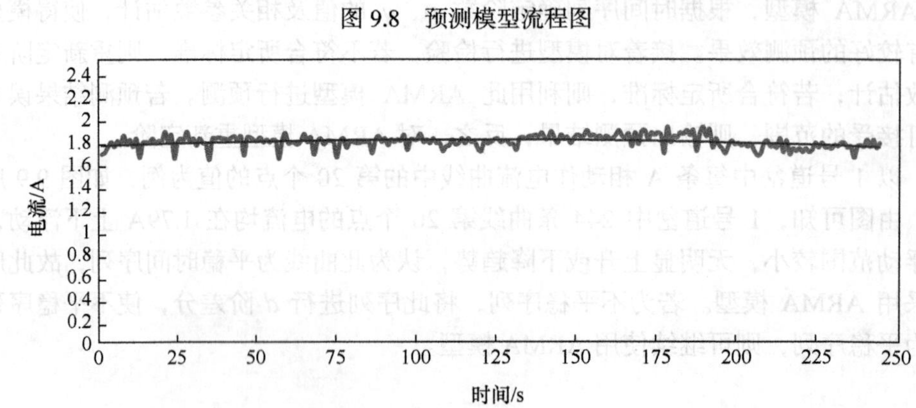

图 9.9　1 号道岔曲线单点图

ARMA(p, q)模型及 ARIMA(p, d, q)模型中，参数 p 表示自回归模型部分的滞后阶数，参数 q 表示移动平均模型部分的滞后阶数，参数 d 表示使不平稳序列成为平稳序列时所做的差分次数。若为 AR(p)模型，其自相关系数是拖尾的，偏自相关系数是 p 阶截尾的；若为 MA(q)模型，其自相关系数是 q 阶截尾的，偏自相关系数是拖尾的；若为 ARMA(p, q)模型，自相关系数与偏自相关系数均是拖尾的。道岔每组电流均有差异，故需要根据每组数据确定不同的 p、q 值，使得相关参数较小，从而预测结果更为准确。例如，选取 2 号道岔中每条 B 相动作电流曲线中第 30 个点的值，经观察此序列为不平稳时间序列，1 阶差分后，成为平稳序列。由图 9.10 所示的此序列自相关函数(autocorrelation function，ACF)和偏自相关函数(partial autocorrelation function，PACF)可知，自相关图在 1 阶后截尾，偏自相关图拖尾，最佳模型参数应为 ARIMA(0, 1, 1)，其平均绝对误差(MAE)为 7.53。以平均绝对误差(MAE)为标准判断，发现 ARIMA(3, 1, 2)表现更好，其平均绝对误差为 7.18，故此序列选用 ARIMA(3, 1, 2)模型，即对模型进行定阶及参数估计，使得预测误差较小，预测效果较好。

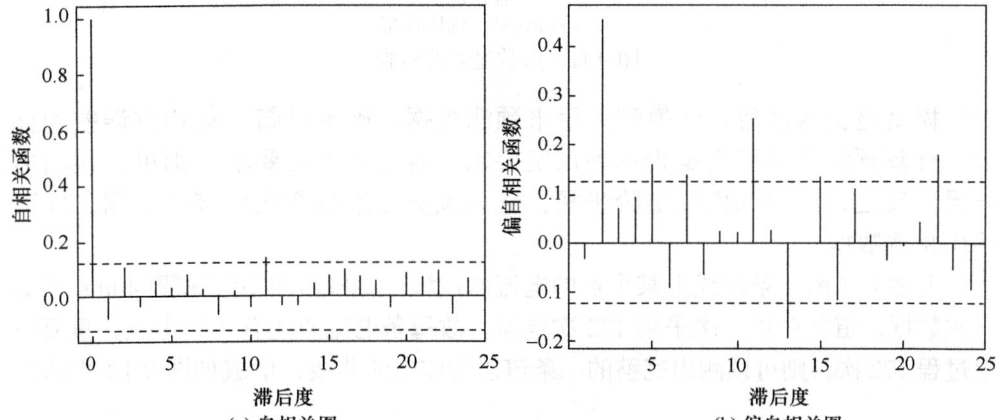

(a) 自相关图　(b) 偏自相关图

图 9.10　自相关图及偏自相关图

确定模型参数 p、d、q 后，还需要对此模型进行检验。模型检验包括模型参数的显著性检验和模型的显著性检验。模型参数的显著性检验就是检验每一个未知参数是否显著非零，目的是使模型最精简。计算模型参数 t 统计量的值和统计量的 P 值，观察 AR(1)系数、AR(2)系数及常数是否显著非零。模型的显著性检验就是检验模型的有效性，模型是否有效主要看其提取的信息是否充分，即残差序列为白噪声序列。例如，选取 2 号道岔中每条 B 相动作电流曲线中第 30 个点的值，对此序列进行平稳化处理，将模型定阶及参数估计，确定模型为 ARIMA(3, 1, 2)模型，对此模型进行检验。经计算，AR(1)系数、AR(2)系数及常数均显著非零。由图 9.11 所示的模型检验可知，ACF 检验表明残差没有明显的相关性，Ljung-Box 测试中所有的 P 值大于 0.5，说明残差为白噪声序列，即此模型有效。

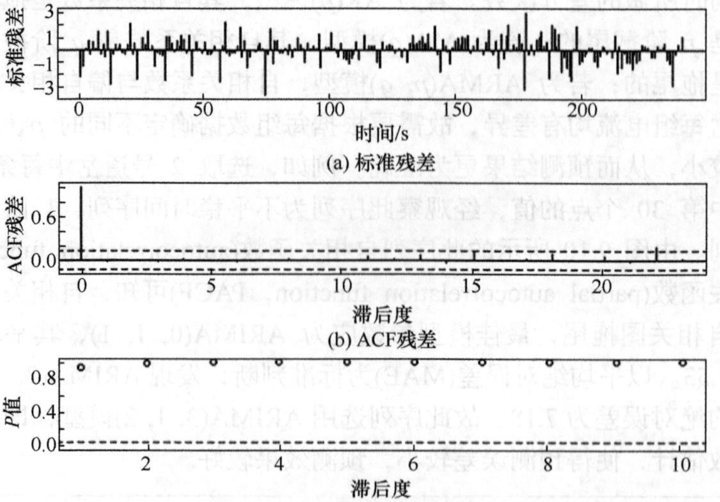

(a) 标准残差
(b) ACF残差
(c) Ljung-Box统计的P值

图 9.11　参数显著性检验

模型检验通过后，此模型可用来预测数据。确定以归一化均方误差为标准，计算预测结果精度是否达到设定要求，若达到设定要求，则可直接输出结果；反之，则回到模型定阶步骤，直到预测结果精度在可接受范围，才可输出预测数据。

上述为预测一条曲线上某个点的电流的过程。微机监测系统每隔 40ms 采集一次数据，道岔动作一次采集 172 次电流，故每条电流曲线有 172 个点，重复以上过程 172 次，则可预测出完整的一条道岔动作电流曲线，形成如图 9.12 所示的

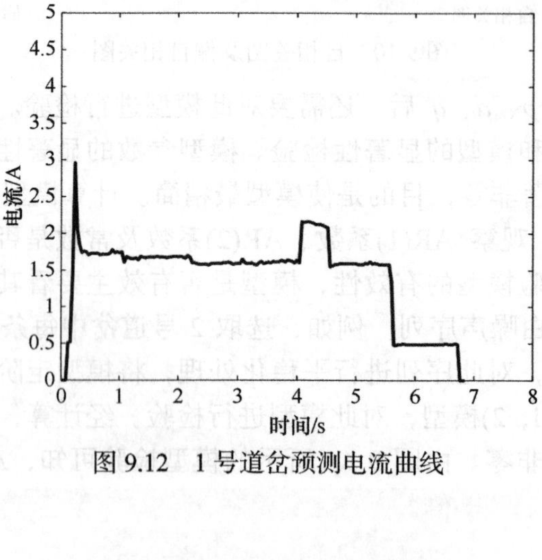

图 9.12　1 号道岔预测电流曲线

单相电流曲线。道岔动作一次，产生三相电流曲线，按照上述过程分别预测三相电流曲线，则可得到一组完整的电流曲线。

评价预测结果是预测分析中非常重要的部分，常用多种指标评价预测结果的好坏，以此来确定预测模型的种类及评判预测模型的优劣。本节中使用 MAE、MSE、RMSE、MAPE、NMSE 这五项评价误差指标来评价 ARMA 模型的预测结果。S700K 型电动转辙机每动作一次，就产生三相电流曲线。本节对三相电流曲线分别进行预测，得到三条电流曲线后分别计算某项误差指标再取平均数，以该平均数说明此次三条曲线预测结果的精度。

利用 ARMA 模型预测 1 号道岔动作电流曲线如图 9.13 所示，由图可知，预测曲线与实际曲线拟合较好。实际电流曲线显示在 4s 左右发生电流突增故障，预测曲线在与实际电流曲线相近位置也出现电流突增的现象。图 9.13(a)中，在 0.3s 左右，实际值在 0.5A 左右停留，而预测值小于 0.5A；在 1～4s，实际曲线有较多小波动，而预测曲线基本为一条直线，且预测值基本大于实际值，但预测值与实际值相差较小；电流突增时，预测值与实际值同时增大，但预测值略小于实际值；在 4.6～5.6s，预测值略大于实际值，5.6s 之后电流基本同时下降，进入缓释阶段；在缓释阶段开始时，预测值有一段时间的波动，而实际值基本保持为同一值，接着两曲线电流同时下降为 0A。图 9.13(b)中，在 0.2s 左右，电流出现最大值，预测电流比实际电流晚一点出现最大值，且预测电流最大值略小于实际电流最大值；在 0.3～4.2s，预测值略小于实际值，前期实际值波动，预测值的跟随程度较好；在 4.2～5.6s，预测值均小于实际值，相差 0.1A 左右，且预测值比实际值早一点下降进入缓释阶段；在有“小尾巴”时，预测曲线与实际曲线基本重合，预测效果较好。图 9.13(c)中，在出现电流最大值时，预测电流最大值小于实际电流最大值，相差 0.5A 左右；在 0.3～2.2s，预测曲线与实际曲线拟合效果较好；在 2.2～4s，预测值略大于实际值，且实际曲线有部分波动，而预测曲线相对较为平直；在 4.6～5.6s，预测值略大于实际值，但电流基本同时下降为 0A。

利用 ARMA 模型预测 11 个道岔的未来动作电流曲线，如图 9.14 所示，每个道岔的柱形图从左至右分别对应 MAE、MSE、RMSE、MAPE、NMSE，根据 9.2.1 节中公式计算其 MAE、MSE、RMSE、MAPE、NMSE，所有误差均在 0.35 以内，且大部分误差都在 0.05 左右。因此，ARMA 模型的预测效果较好。1 号道岔中，MSE 较小，说明预测值与实际值误差的平方和的平均值较小，RMSE 较大，即预测值与实际值的误差较大；2 号道岔中 MSE 较小，RMSE 大于 0.1，表明预测值与实际值相差较大；3 号道岔中 MSE 和 RMSE 与 1 号道岔相近，MAPE 和 NMSE 均大于 1 号道岔，即 3 号道岔的预测效果没有 1 号道岔的好；4 号道岔中 MAE、MSE 及 RMSE 均为最高，且均大于 0.05，4 号道岔的预

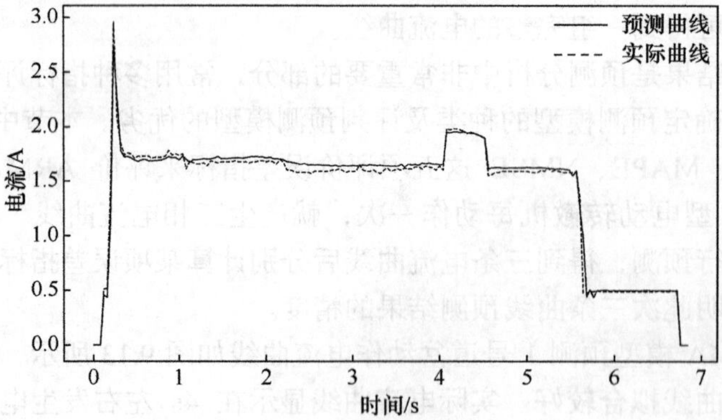

(a) A相预测电流曲线

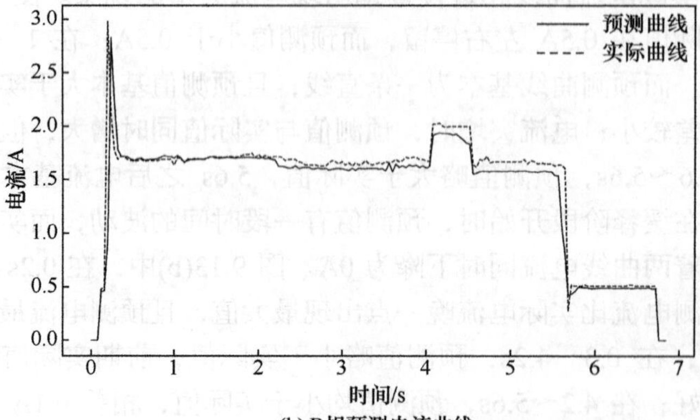

(b) B相预测电流曲线

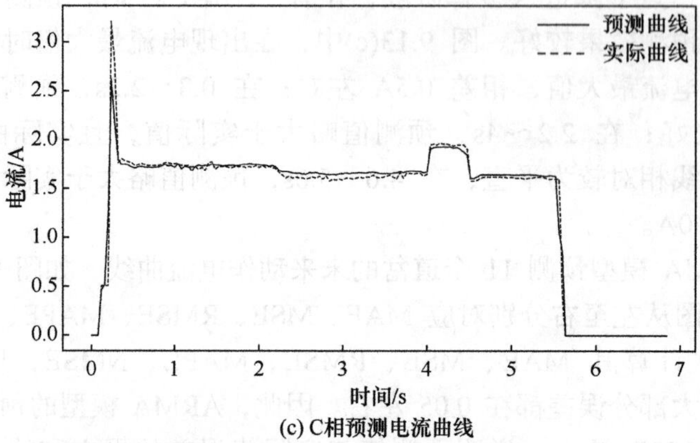

(c) C相预测电流曲线

图 9.13　1号道岔三相预测电流曲线

测精度较差；5 号、6 号道岔中所有误差均小于 0.03，说明 5 号、6 号道岔的预测电流曲线能够较好地跟随实际电流曲线；7 号道岔中 MSE 较小，MAPE 超过 0.05，即预测值与实际值差别相对较大；8 号道岔中 RMSE 超过 0.1，即预测电流与实际电流有一定差距；9 号道岔中 MAE、MSE 较小，RMSE、NMSE 均大于 0.05，且 NMSE 接近 0.15，表明其预测精度较差；10 号道岔和 11 号道岔中 RMSE、MAPE、NMSE 在 0.05 左右，MAE、MSE 很小，说明 10 号道岔和 11 号道岔的预测效果较好，预测电流曲线与实际电流曲线的拟合程度较高。

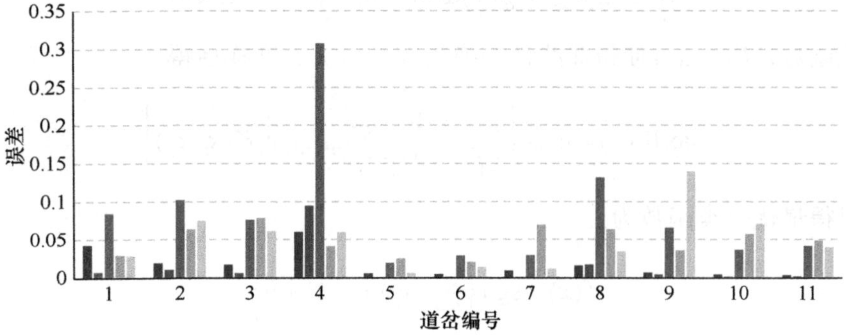

图 9.14　基于 ARMA 模型预测结果误差

9.2.3　基于支持向量机的道岔动作曲线预测方法

SVM 是一种有监督学习的线性二分类器，与神经网络相似，具有多元函数逼近器的能力。SVM 在信号识别、计算机视觉和分类方面有着广泛的应用。SVM 的学习过程如下，已知函数

$$y = f(x) \tag{9.20}$$

其中，x 为高维输入向量；y 为多类输出，且函数无隐含信息。需要使用训练数据集：

$$D = \{(x_i, y_i)\}, \quad x_i \in X, \quad y_i \in Y, \quad i = 1, 2, \cdots, l \tag{9.21}$$

其中，X 为输入集合；Y 为输出集合。因此，SVM 为有监督学习技术。

SVM 适用于线性问题，对于非线性问题，可将其转换到高维空间，成为线性问题。映射的高维空间不确定是有限维还是无限维，故此种映射为

$$x \to \Phi(x) = (a_1\Phi_1(x), a_2\Phi_2(x), \cdots, a_n\Phi_n(x)) \tag{9.22}$$

其中，$a_n \in \mathbf{R}$；$\Phi_n \in \mathbf{R}$。

例如，二维输入映射到六维空间，有

$$(x_1, x_2) \to \Phi(x_1, x_2) = (1, \sqrt{2}x_1, \sqrt{2}x_2, x_1^2, \sqrt{2}x_1x_2, x_2^2) \tag{9.23}$$

在 SVM 中，经核函数可完成这种映射，核函数如下：

$$K(x_i,x_j)=\Phi(x_i)\cdot\Phi(x_j) \tag{9.24}$$

可采用满足式(9.25)和式(9.26)的 Mercer 条件：

$$K(x,y)=\sum_{m=1}^{\infty}a_m\varphi(x)\varphi(y),\quad a_m>0 \tag{9.25}$$

$$\iint K(x,y)g(x)g(y)\mathrm{d}x\mathrm{d}y>0,\quad \int g^2(x)\mathrm{d}x<\infty \tag{9.26}$$

对称核函数 $d_iK(x_i,x_j)$ 使得非线性变换为线性可分，变换后得

$$\max_a W(a)=\max_a\left\{\sum_{i=1}^{i}a_i-\frac{1}{2}\sum_i\sum_j a_ia_jy_iy_jK(x_i,x_j)\right\} \tag{9.27}$$

由此可得最优分类函数为

$$f(x)=\mathrm{sgn}\left\{\sum_i a_iy_iK(x_i,x)+b\right\} \tag{9.28}$$

则可输出 SVM 的分类结果。

SVM 就是通过内部函数将非线性输入空间变换至高维空间，并求解最优超平面来实现分类。如图 9.15 所示，若所要分类的数据集为线性，则学习并找到如虚线所示的最优超平面；若数据集为非线性，则将数据映射到高维空间，利用高容量数据，产生如实线所示的分类边界进行分类。

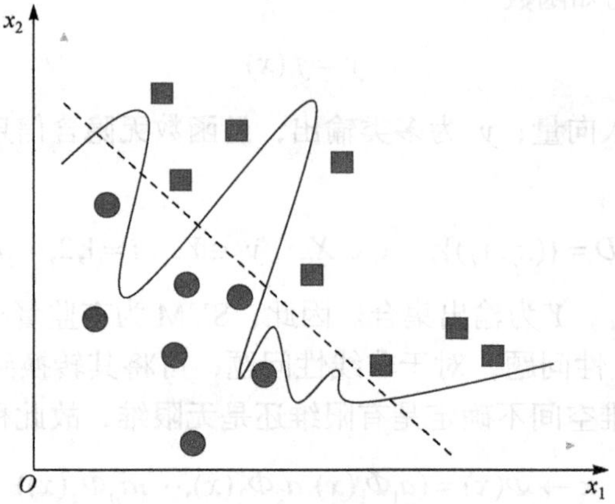

图 9.15　支持向量机分类

建立 SVM 预测模型的流程如图 9.16 所示。获取道岔动作电流后，为提高预测精度，将数据归一化，分为训练数据和预测数据。将训练数据输入 SVM 模型，调整其参数设置，若误差大于等于指定值，则返回参数设置重新训练模型；若误差小于指定值，则确定预测模型，将需要预测的数据输入 SVM 模型，即可

得到预测的单相道岔动作电流曲线。重复此过程三次，可得到道岔动作一次的三相电流曲线。

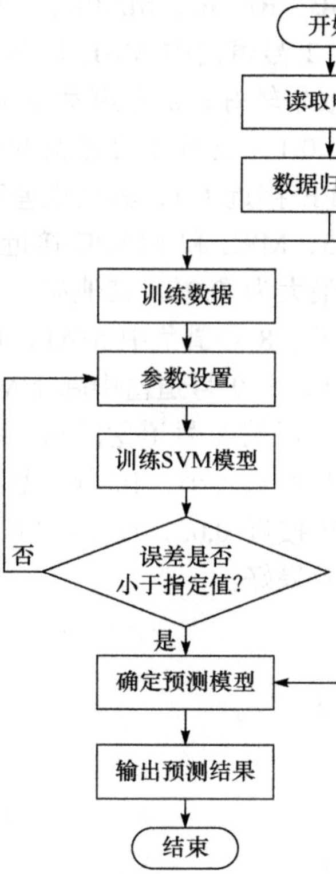

图 9.16　建立 SVM 预测模型流程图

本节以电流序列值作为输入，不断调整模型参数训练支持向量机模型，最终得到一整条曲线的电流。以 2 号道岔为例，由 9.2.1 节可知，2 号曲线有 128 条曲线。由 9.2.2 节可知，每条曲线有 172 个点。因此，2 号道岔所有曲线的每个采样点均有 128 个点，使用前 127 个点预测第 128 个点。重复上述过程 172 次，则可预测 2 号道岔单相电流曲线。根据 2 号道岔三相电流数据，预测三相电流，则可得到一组完整的道岔电流曲线值。11 个道岔均使用以上步骤预测完整的三相电流曲线，经反复实验，将参数设置为如表 9.2 所示的值时，预测效果较好。径向基函数光滑性和解析性较好，因此核函数类型选择径向基函数。

表 9.2　SVM 模型参数设置

参数名称	函数设置	惩罚因子	终止判据	损失函数	核函数类型
参数值	0.07	1	0.001	0.01	2

应用构建的 SVM 模型预测 11 个道岔的未来动作电流曲线，根据 9.2.1 节中公式计算其 MAE、MSE、RMSE、MAPE、NMSE，如图 9.17 所示，每个道岔柱形图从左至右分别对应 MAE、MSE、RMSE、MAPE、NMSE，所有误差均在 0.3 以内，大部分误差都在 0.1 以内。1 号道岔中 MSE 较小，RMSE 也在 0.1 以下，其他误差均在 0.05 左右，预测效果较好；2 号道岔中 MAE、MSE、NMSE 较小，其他误差都大于 0.05，但小于 0.1，说明 2 号道岔的预测电流与实际电流的误差较小；3 号、4 号道岔中 MAPE 接近 0.1，其他误差都较小，预测精度较好；5 号道岔的 RMSE 最高超过 0.25，MSE 和 MAPE 接近 0.1，说明 5 号道岔的预测效果较差；6 号道岔 MAPE 最大为 0.05，其他误差较小，即预测值与实际值相差较小，其模型精度较好；7 号、8 号道岔中 MAPE 均大于 0.05，但未超过 0.1，表明预测值与实际值的差别较小；9 号道岔中除 NMSE 所有误差均大于 0.05，且 RMSE、MAPE 在 0.2 左右，说明 9 号道岔的预测精度差，与原曲线的差别大；10 号、11 号道岔的 MAE 和 MSE 较小，10 号道岔的其余三相误差都大于 0.05，11 号道岔的 RMSE、NMSE 接近 0.05，而 MAPE 接近 0.1，由此可知 11 号道岔的预测效果比 10 号的预测效果好。

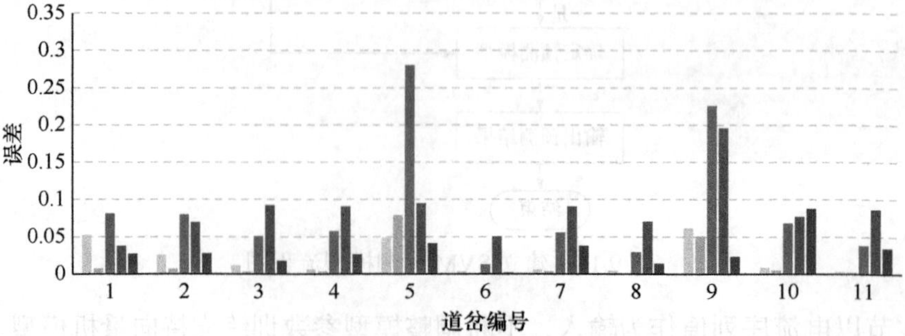

图 9.17　基于 SVM 模型预测结果误差

参 考 文 献

陈坚. 2014. 城市轨道交通概论[M]. 长沙: 中南大学出版社.

陈亭. 2018. 基于道岔动作电流的故障诊断方法研究[D]. 成都: 西南交通大学.

陈亚爱, 周京华. 2011. 电机与拖动基础及 MATLAB 仿真[M]. 北京: 机械工业出版社.

陈众. 2017. 电机模型分析及拖动仿真: 基于 MATLAB 的现代方法[M]. 北京: 清华大学出版社.

龚云. 2000. 铁路史话[M]. 北京: 社会科学文献出版社.

郭进. 2008. 铁路信号基础设备[M]. 成都: 西南交通大学出版社.

黄世泽, 翟亚婵, 董德存, 等. 2017a. 一种道岔故障预测方法: 中国. ZL201710375981. 1[P].

黄世泽, 张帆, 陈威, 等. 2017b. 一种道岔故障识别方法: 中国. ZL201710341307. 1[P].

黄世泽, 陈威, 张帆, 等. 2018a. 基于弗雷歇距离的道岔故障诊断方法[J]. 同济大学学报(自然科学版), 46(12): 1690-1695.

黄世泽, 张帆, 陈威, 等. 2018b. 道岔动作曲线模板选取方法及其应用: 中国. ZL201711401723. 2[P].

黄世泽, 张帆, 陈威, 等. 2018c. 道岔动作参考曲线选取方法及其应用: 中国. CN201711399937. 0[P].

黄世泽, 张帆, 杨晓璐, 等. 2018d. 一种信号机故障识别方法: 中国. CN201810126367. 6[P].

黄世泽, 杨晓璐, 陈威, 等. 2019. 一种基于聚类的转辙机故障识别方法: 中国. CN201811304829. 5[P].

黄世泽, 杨玲玉, 张肇鑫, 等. 2020a. 基于深度学习的无样本道岔故障诊断方法: 中国. CN202010508456. 4[P].

黄世泽, 杨玲玉, 张肇鑫. 2020b. 一种道岔动作电流曲线预测方法及其故障判别方法: 中国. CN202010639960. 8[P].

焦景忠. 2014. 一种间接的测量交流道岔阻力的方法[J]. 铁路通信信号工程技术, 11(3): 82-84.

刘凤春, 孙建忠, 牟宪民, 等. 2008. 电机与拖动 MATLAB 仿真与学习指导[M]. 北京: 机械工业出版社.

刘枚, 孙雨萍. 2009. 电机与拖动[M]. 北京: 机械工业出版社.

刘婉玲. 2010. 城市轨道交通运输设备[M]. 成都: 西南交通大学出版社.

鲁恩斌. 2015. 信号集中监测信息分析指南[M]. 北京: 中国铁道出版社.

苗秋林. 1994. 中国铁路运输[M]. 北京: 中国铁道出版社.

潘晓晟, 郝世勇. 2007. MATLAB 电机仿真精华 50 例[M]. 北京: 电子工业出版社.

孙博, 康锐, 谢劲松. 2007. 故障预测与健康管理系统研究和应用现状综述[J]. 系统工程与电子技术, 29(10): 1762-1767.

田健. 2015. 基于模糊神经网络的高速铁路道岔故障诊断方法研究[D]. 北京: 北京交通大学.

王玘, 何正友, 林圣, 等. 2015. 高铁牵引供电系统 PHM 与主动维护研究[J]. 西南交通大学学报, 50(5): 942-952.

王瑞峰, 陈旺斌. 2016. 基于灰色神经网络的 S700K 转辙机故障诊断方法研究[J]. 铁道学报, 38(6): 68-72.

吴晓. 2015. 交通运输设备[M]. 北京: 人民交通出版社.

武云. 2014. 减少转换阻力提高高铁道岔动作可靠性的研究[J]. 上海铁道科技, (3): 119-120.

徐刚. 2014. 浅议道岔设备现场运用中的安全风险管理[J]. 铁道通信信号, 50(10): 41-43.

薛艳青. 2012. 道岔设备故障诊断专家系统实现方法研究[D]. 北京：北京交通大学.
杨阳，陶彩霞，张睿兴. 2013. 遗传算法优化支持向量机的道岔控制电路故障诊断[J]. 计算机测量与控制, 21(1): 48-50.
杨中平. 2015. 高速铁路技术概论[M]. 北京：清华大学出版社.
张彬. 2015. 如何减少道岔转辙设备故障对地铁运营安全的影响[J]. 信息通信, 28(11): 272-273.
张凯. 2016. 基于神经网络的铁路道岔故障智能诊断研究[D]. 西安：长安大学.
张天赋. 2015. 基于 FrFT 和改进 BP 神经网络的 S700K 转辙机电流曲线分析研究[D]. 兰州：兰州交通大学.
张喜，杜旭升，刘朝英. 2009. 车站信号控制设备故障诊断专家系统的研究与实现[J]. 铁道学报, 31(3): 43-49.
张云丽，雷定猷. 2013. 铁路通信与信号[M]. 长沙：中南大学出版社.
赵林海，陆桥. 2014. 基于灰关联的道岔故障诊断方法[J]. 铁道学报, 36(2): 69-74.
祝芹芹. 2018. 基于核 Fisher 的多机牵引道岔故障诊断技术研究[D]. 兰州：兰州交通大学.
左宪章，康健，李浩，等. 2010. 故障预测技术综述[J]. 火力与指挥控制, 35(1): 1-5.
Ardakani H D, Lucas C, Siegel D, et al. 2012. PHM for railway system—A case study on the health assessment of the point machines[C]. Proceedings of the Prognostics and Health Management (PHM): 1-5.
Asada T, Roberts C. 2013. Improving the dependability of DC point machines with a novel condition monitoring system[J]. Proceedings of the Institution of Mechanical Engineers, Part F: Journal Rail and Rapid Transit, 227(4): 322-332.
Atamuradov V, Camci F, Baskan S, et al. 2009. Failure diagnostics for railway point machines using expert systems[C]. Proceedings of the International Symposium on Diagnostics for Electric Machines, Power Electronics and Drives: 1-5.
Baumann M, Ozdogan M, Richardson A D, et al. 2017. Phenology from land sat when data is scarce: Using modis and dynamic time-warping to combine multi-year landsat imagery to derive annual phenology curves[J]. International Journal of Applied Earth Observation and Geoinformation, 54: 72-83.
Dindar S, Kaewunruen S, An M, et al. 2018. Bayesian network-based probability analysis of train derailments caused by various extreme weather patterns on railway turnouts[J]. Safety Science, 110: 20-30.
Eker O F, Camci F, Kumar U. 2012. SVM based diagnostics on railway turnouts[J]. International Journal of Performability Engineering, 8(3): 289-298.
Gigante-Barrera Á, Dindar S, Kaewunruen S, et al. 2017. LOD BIM element specification for railway turnout systems risk mitigation using the information delivery manual[J]. Materials Science and Engineering, 245: 042022.
Gu J X, Wang Z H, Kuen J, et al. 2018. Recent advances in convolutional neural networks[J]. Pattern Recognition, 77: 354-377.
Guan Q. 2015. High-speed railway switch failure diagnosis based on FOA-LSSVM[J]. Bulletin of Science and Technology, 4: 230-232.
Guo Z J, Ye H, Dong W, et al. 2017. A hybrid feature extraction method for fault detection of

turnouts[C]. Chinese Automation Congress (CAC): 540-545.

Huang S, Zhang F, Yu R, et al. 2017. Turnout fault diagnosis through dynamic time warping and signal normalization[J]. Journal of Advanced Transportation, (2): 1-8.

Huang S, Yang X, Wang L, et al. 2018. Two-stage turnout fault diagnosis based on similarity function and fuzzy C-means[J]. Advances in Mechanical Engineering, 10(12): 1687814018811402.

Huang S, Yang L, Zhang F, et al. 2020. Turnout fault diagnosis based on CNNs with self-generated samples[J]. Journal of Transportation Engineering, Part A: Systems, 146(9): 04020105.

Lee J, Choi H, Park D, et al. 2016. Fault detection and diagnosis of railway point machines by sound analysis[J]. Sensors, 16(4): 549.

Letot C, Dersin P, Pugnaloni M, et al. 2015. A data driven degradation-based model for the maintenance of turnouts: A case study[J]. IFAC-Papers Online, 48(21): 958-963.

Li Y, Xue D, Forrister E, et al. 2016. Human activity classification based on dynamic time warping of an on-body creeping wave signal[J]. Transactions on Antennas and Propagation, 11: 4901-4905.

Liu M M, Yan X, Sun X Y, et al. 2016. Fault diagnosis method for railway turnout control circuit based on information fusion[C]. Information Technology, Networking, Electronic and Automation Control Conference: 315-320.

Liu Y Q, Zhang T, Li Z. 2019. 3DCNN-based real-time driver fatigue behavior detection in urban rail transit[J]. IEEE Access, 7: 144648-144662.

Lu S, Mirchevska G, Phatak S S, et al. 2017. Dynamic time warping assessment of high-resolution melt curves provides a robust metric for fungal identification[J]. PLoS One, 12(3): 1-21.

Luo X G. 2013. GPS Stochastic Modelling: Signal Quality Measures and ARMA Processes[M]. Berlin: Springer Science & Business Media.

Ponulak F, Kasiński A. 2010. Supervised learning in spiking neural networks with resume: Sequence learning, classification, and spike shifting[J]. Neural Computation, 22(2): 467-510.

Roberts C, Dassanayake H P B, Lehrasab N, et al. 2002. Distributed quantitative and qualitative fault diagnosis: Railway junction case study[J]. Control Engineering Practice, 10(4): 419-429.

Ross R. 2012. Track and turnout detection in video-signals using probabilistic spline curves[C]. Proceedings of the International Conference on Intelligent Transportation Systems: 294-299.

Vileiniskis M, Remenyte-Prescott R, Rama D. 2016. A fault detection method for railway point systems[C]. Proceedings of the Institution of Mechanical Engineers, Part F: Journal Rail and Rapid Transit: 852-865.

Wang G, Xu T, Tang T, et al. 2017. A Bayesian network model for prediction of weather-related failures in railway turnout systems[J]. Expert Systems with Applications, 69: 247-256.

Wang S M, Lei Y. 2010. Fault diagnosis for railway switch control circuit based on ARPSO least squares support vector machine[J]. Journal of Lanzhou Jiaotong University, 4: 1-5.

Zhang K. 2014. The railway turnout fault diagnosis algorithm based on BP neural network[C]. IEEE International Conference on Control Science and Systems Engineering (CCSSE): 135-138.

Zhang K, Du K, Ju Y. 2014. Algorithm of railway turnout fault detection based on PNN neural network[C]. Proceedings of the 7th International Symposium on Computational Intelligence and Design: 544-547.

Zhang K, Song J, Ju Y. 2015. Algorithm of speed-up turnout indication circuit fault intelligent diagnosis[C]. Proceedings of the 8th International Symposium on Computational Intelligence and Design: 551-554.

Zhou F, Xia L, Dong W, et al. 2016. Fault diagnosis of high speed railway turnout based on support vector machine[C]. Proceedings of the International Conference on Industrial Technology: 1539-1544.